D0499286

Absolutely Addictive
SUDOKU

By Terry Stickels
with Anthony Immanuvel of Yoogi Games

imagine!
Publishing

10 9 8 7 6

An Imagine Book
Published by Charlesbridge
85 Main Street
Watertown, MA 02472
617-926-0329
www.imaginebooks.net

Printed in China

ISBN 13: 978-1-936140-89-3

INTRODUCTION

No one would argue that SUDOKU is now firmly entrenched as part of the daily puzzle diet around the world. The one area where there may be some disagreement is where you can find the best puzzles. This begs the question "What makes one SUDOKU puzzle better than another?" There must be a reason why some puzzles are more in demand than others. If you are a daily solver, you know there are distinct differences among the myriad books and magazines. What are those differences, and how do you know once you've come upon them? More importantly, how can you recognize quality before you purchase something less desirable?

There are some basic things to know about selecting a superior SUDOKU book.

1) The clues should be constructed so there is no guessing as to what number needs to go in a specific square. At the start of the puzzle there will be multiple possibilities, but over time, as you fill in the blanks, those possibilities will be reduced to one, and only one, correct solution. Each puzzle should have one unique answer. If the puzzle is constructed properly, ALL the numbers can be found through logical deduction. You should NEVER have to guess.

2) The best SUDOKU puzzles are created so that your mind will stay focused on the task at hand. They are constructed so you don't lose concentration. This is accomplished by creating puzzles that remove all doubt and ambiguity. If you are feeling stress while doing a SUDOKU puzzle, it's usually a flaw in the puzzle design, not a flaw in what you're doing. A great puzzle keeps things moving and makes you hungry for more.

3) The puzzle should be pleasing to the eye. This has a double meaning. Not only should the puzzle be large enough so that you can write in it and include any possible numbers you wish to place in each square, but the best puzzles are constructed symmetrically. Over the years we've found that this design is more enjoyable and relaxing to the solver.

4) No puzzle should be brain-dead easy. The whole concept behind SUDOKU is one of a fun challenge. Even the Medium puzzles should offer a strong warm-up for the more advanced puzzles. Many newspapers are guilty of making their SUDOKU too easy. They think that by making the puzzles easier, they will have more followers and thus a growing readership. Real SUDOKU players think just the opposite. They want the challenge. How do I know? My Stickdoku puzzle column in USA WEEKEND magazine is one of the most popular SUDOKU puzzles in print. After the column had been running for about a year, I saw what newspapers were doing and thought I would try it myself to see the response. In no time at all, my readers were writing in droves, telling me to go back to the more challenging puzzles. They weren't buying the easier version!

5) We have you in mind when we create the puzzles. My SUDOKU puzzle partner Tony Immanuvel and I take painstaking measures to fine-tune our puzzles so they will please and challenge you. We have an idea of how you are going to approach the puzzles at each level, and while we want to challenge you, we want the puzzles to be fair and make good sense so that you enjoy your solving experience. We do the puzzles ourselves. We do other people's puzzles to see what is strong and what is weak. At no time is there an attitude of just pulling a lever to produce mass puzzles. After writing thirty plus books, I wouldn't waste my time or yours if I couldn't give you the best puzzles possible.

The puzzles you will find in this book have all of the features just discussed. We had a ball putting this collection together for you, and would love to hear what you think after you do them. I promise you I will answer every one of your letters, just like I do for the readers of my KING FEATURES Stickelers column and the FRAME GAMES and Stickdoku puzzles seen in USA WEEKEND magazine. You can reach me at www.terrystickels.com

Tony and I thank you for purchasing this book and hope it will make you a lifelong puzzle fan. Have fun!

Terry Stickels

Instructions

Sudoku is a number puzzle with a 9x9 grid and numbers known as clues printed in squares.

The goal is to complete the grid in such a way that all rows, columns, and highlighted 3x3 squares contain the digits 1–9 once and only once.

A sample grid is show here.

3				1			9	
			5		8		4	
5							2	
					6			8
4	8		2		9		5	7
7			8					
	9							1
	1		3		2			
	3			6				9

Solving Tips:

To solve the puzzle, you need to figure out which digit fits into each box. If the Sudoku puzzle is created properly, the numbers for the solution can be found through logical deduction.

Let's try to place the number 9 in the eighth row (second row from bottom). The 9 cannot be in the first or third cell in the eighth row, as the bottom left 3x3 square already has a 9 in the seventh row. Similarly, the 9 cannot be used in the last three cells of the eighth row because the bottom right 3x3 squares already has a 9 in the ninth row.

The only remaining cell that could hold a 9 in the eighth row is the fifth column. Let's put the 9 there. (See the square highlighted in gray shade.)

3				1			9	
		5		8		4		
5						2		
					6			8
4	8		2		9		5	7
7			8					
	9							1
	1		3	9	2			
	3			6				9

Now let's look at the center cell (fifth column, fifth row). The cell cannot contain the digits 1 or 6 because they have already been placed elsewhere in the column. Similarly, it cannot contain the digits 2, 4, 5, 7, 8, or 9, as they have already been placed in fifth row. That leaves us with only one available number: 3. Place a 3 in the center cell.

3				1			9	
		5		8		4		
5						2		
					6			8
4	8		2	3	9		5	7
7			8					
	9							1
	1		3		2			
	3			6				9

Sometimes you know that a number belongs in a particular row, column, or box, but are unsure exactly what cell it goes in. Knowing this can help you to eliminate the number from other squares. Consider the midway stage of our sample puzzle. As it stands right now, there is no easy way to finalize a square or number. We need to use indirect elimination to solve this puzzle.

The top right 3x3 square has only 3 digits left to place: 1, 7, and 8. All of these digits fall in the seventh column. That means that other cells in the seventh column cannot use the digits 1, 7, or 8.

3			6	1		▓	9	5
			5	2	8	▓	4	3
5			9		3	▓	2	6
					6			8
4	8		2	3	9		5	7
7			8					2
	9			8				1
	1		3	9	2			4
	3			6				9

Now look at the fifth row. There are only two digits left unfilled, and they are 1 and 6. Given that the 1 is excluded from the seventh column except in the upper right corner, the seventh cell of the fifth row can only be a 6. Now we can place a 6 in this cell.

3			6	1			9	5
			5	2	8		4	3
5			9		3		2	6
					6			8
4	8		2	3	9	6	5	7
7			8					2
	9			8				1
	1		3	9	2			4
	3			6				9

Sometimes you need to use a combination of methods and/or multiple indirect eliminations to narrow the options down to solve a number or square.

It won't be too difficult to complete this puzzle using those methods. The solution is given below.

3	7	2	6	1	4	8	9	5
1	6	9	5	2	8	7	4	3
5	4	8	9	7	3	1	2	6
9	2	3	7	5	6	4	1	8
4	8	1	2	3	9	6	5	7
7	5	6	8	4	1	9	3	2
2	9	5	4	8	7	3	6	1
6	1	7	3	9	2	5	8	4
8	3	4	1	6	5	2	7	9

			4	2	6		7	8
	2	9	3	7	8			
			1	5	9		4	
3			8	6	4			
6	8	2	5	9	1	4	3	7
			2	3	7			5
2	4	8	6	1	5	7	9	3
9	6	3	7	4	2	8	5	1
7	1	5	9	8	3	2	6	4

1

		5		2				6
			4					7
	6			7	3			9
	2	4						
		8				6		
						9	7	
4			2	9			1	
2					5			
8				4		7		

2

		4	8					
7					4	1		9
	1							5
5	3		7					
		8				2		
					9		5	8
4							3	
2		7	5					6
					6	4		

3

	4			3	7			
	3	5	1					
					2	8		
1						6	3	
		4				7		
	7	3						5
		8	6					
					4	1	7	
			5	2			4	

4

			2		3		4	5
			9					
7	1							3
		4		3			2	
		6				5		
	5			8		7		
8							5	1
					6			
2	6		8		5			

5

	8		9	7				4
				6				
					2		7	8
		6						3
		4	6		5	1		
2						6		
3	9		8					
				3				
8				9	4		2	

6

				2	5	1		
		1	9			8		
	5			6				7
4							2	
6								1
	3							4
8				5			3	
		3			6	2		
		5	2	7				

7

		9			7		1	6
			2					
	7	8	1					
		3	5					9
	8						6	
2					6	4		
					2	5	7	
					3			
7	4		9			8		

8

		1					5	
	6	4			8			
			5	9				7
			9	2			3	
		6				2		
	3			8	1			
1				7	4			
			8			5	9	
	2					7		

9

	4		9			6	1	
3			4	7				9
9								
				8		1		
1								2
		8		5				
								4
4				3	8			7
	5	3			6		9	

10

		6	1					
			6				4	5
				5	8		2	
						1		2
9		8				7		4
3		1						
	6		8	1				
7	3				9			
					2	9		

11

8					2			
4					5	8	9	
		5						3
	6				1		3	
			4		6			
	4		3				8	
6						7		
	1	9	6					4
			1					6

12

	4		3			6		
				9			3	
	7	2						8
			4					5
		9	2		3	1		
4					5			
6						7	8	
	5			7				
		3			2		6	

13

		4	7			8		
2		8	9					
3				6			7	
						2	1	
			3		1			
	5	1						
	3			4				1
					6	9		3
		2			5	7		

14

4			6			2		
		1		3		6		
8			7					
2	5						9	
	7						2	
	6						1	8
					4			5
		7		5		1		
		2			9			3

15

6			3					
		9		4				
				8	6		2	1
	8		5				4	
		1				3		
	6				7		9	
1	3		9	6				
				7		2		
					2			4

16

				9				8
		4				7		
		8	7	5	1			
5						1		7
	7						2	
4		3						6
			3	7	9	8		
		1				5		
3				2				

17

			5					
		8			1			2
		5		3		6		7
1			8	5				9
3				9	7			4
4		9		1		7		
7			6			8		
					4			

18

		3					9	
				6			4	3
6			9				7	
		2	6		9			
	1						6	
			7		8	5		
	4				2			7
5	2			9				
	7					4		

19

7		1	8					
				5			6	
	5	2			9	3		
			1					6
4								5
9					4			
		7	3			4	9	
	3			1				
					2	7		3

20

				9		1		4
							6	
		9	4					7
	2		7		6			5
7								2
6			5		1		3	
2					7	3		
	1							
3		4		8				

21

	6		9					3
	8							5
		9			8	1		
			5	1				7
	1						6	
4				8	6			
		7	2			4		
5							3	
1					3		9	

22

		2				8		
		7		5	8			1
	6						4	
	7			1		9		
			9		3			
		4		8			6	
	2						7	
8			4	7		5		
		5				1		

23

			6		5			
5		4					6	
	9			8				
	5		8	9				4
		8				3		
9				4	2		1	
				1			7	
	3					2		5
			9		4			

24

		8		3			7	
						9		4
9			2		5			
		6	5					
3	1						8	6
					6	5		
			1		4			8
7		3						
	9			5		7		

25

	4			8				
6								3
		8			9	2		
	2	3			4	7		
			7		8			
		6	1			3	5	
		4	3			6		
7								9
				5			2	

26

	9	8	1			5		
		6		5				
		2		8				3
		7					6	2
9	5					3		
8				4		1		
				1		6		
		5			6	8	4	

27

			2			7		
	8				9			
1					5	4		
3			9					4
2		7				3		6
9					6			5
		5	7					2
			5				3	
		4			8			

28

	1		7			2		
					5			
					1	6		3
	3					7		
4	5		9		2		6	1
		8					4	
6		9	5					
			8					
		1			7		5	

29

			2				8	
			3			6		
2		1			8			4
9	5							6
		3				8		
6							2	7
5			8			2		9
		4			7			
	3				1			

30

		9		5				4
			2		4	3		
	8	7						
		1			2			
5			8		9			6
			3			7		
						1	4	
		3	9		5			
9				2		6		

31

6		5				3		
			3	4				
			7					2
	9	6						4
4	5						3	9
8						7	5	
9					4			
				3	1			
		8				5		7

32

			7		2	8		
7								
	8			9		4		
		9	6				5	
4	1						8	2
	6				1	7		
		6		4			9	
								3
		1	5		6			

33

1		9		2			5	
6			5					
				1	3		6	
9	5					3		
		4					8	1
	8		2	4				
					7			8
	4			3		2		6

34

			7				9	
	3						4	6
2			4			3		
8			9					1
5								9
3					2			4
		5			9			8
1	8						5	
	6				4			

35

8		4						5
2	9							
				9	7		4	
			2	1			7	
	6						8	
	3			8	6			
	2		5	3				
							6	8
1						2		4

36

4			2	5				8
	5							
3		6			7			
			7		5	4		
	7						3	
		3	8		6			
			1			7		2
							1	
1				9	2			5

37

		8					3	1
2								9
		4	5	8				
		5		6	2			
	2						5	
			9	5		3		
				7	8	1		
1								3
3	4					6		

38

3	9			1				
					3	6		2
					4			1
	8							
	3	1	4		2	7	6	
							2	
1			7					
5		6	3					
				5			1	3

39

7	9			1			5	
			8		5			
3								9
		1		4		5		
			3		2			
		6		5		2		
1								7
			7		6			
	4			2			8	3

40

			8	7				
2		8		9				
5						4		9
				4		7		1
		3				6		
7		9		2				
1		5						6
				1		2		7
				5	6			

41

			7		9	5		
9		2						
	4		3				8	
				5		3		8
	6						4	
7		9		1				
	3				8		1	
						7		2
		6	2		4			

42

		6				3		
3					5			
9			7	8				
	8				2		1	
6	1						9	2
	3		1				7	
				2	4			1
			3					9
		5				4		

43

		3			6		4	7
	8	6		7		5	2	
			2					9
		4				1		
5					1			
	9	5		8		4	3	
2	1		5			9		

44

			6	7	8		4	
		3						
		2					1	6
8					4		3	
			5		1			
	9		7					2
1	4					9		
						3		
	3		8	9	2			

45

			6					5
	1					7		9
7		9		3				
		7		6	2	8		
		2	8	5		4		
				4		5		7
5		3					2	
1					8			

46

1			9					
	2	7			8			
4						6		8
	1		3				2	
		6				1		
	5				6		7	
8		3						7
			8			5	4	
					4			9

47

		3	7	9	5			
						7		
5		4		2				
		9						7
2			3		6			8
7						5		
				5		9		4
		1						
			2	8	1	3		

48

		6				3		
1					3	9		
					1			7
6				7			9	
2			9		6			8
	4			1				5
7			2					
		8	4					9
		3				4		

49

3					8	2		
		5						
8	2			4			6	
	6			1			5	8
2	5			6			9	
	8			5			7	4
						6		
		7	1					9

50

				8				6
6			4	9				7
		4	7					
						8		2
3	7						1	4
1		5						
					3	9		
2				6	5			1
8				2				

51

				8			7	1
2			5					
					6	2		9
	8					9	1	6
1	2	5					4	
5		1	2					
					9			4
7	6			4				

52

7			6				4	
3						5		2
		1		9		6		
2	1				7			
			2				3	6
		8		7		4		
9		5						3
	6				1			8

53

						5		1
	8			3	6			
2							6	
		9	3					8
	4	2				1	3	
6					9	7		
	9							5
			7	2			4	
5		4						

54

			7		6	3		
	1							6
					4	8		5
	4		3					
	6	2				1	9	
					8		6	
7		3	6					
9							8	
		6	4		9			

55

3				2		5		
			8	6	9		7	
4	7							
5	4							
			1		8			
							4	9
							8	1
	9		3	7	1			
		6		8				2

56

4				9	7		6	3
		6					2	
9			3					
8							4	
			5		3			
	7							2
					5			9
	8					6		
2	5		9	8				1

57

		2	1					3
		6		5		8		
	3							
	2		7			3		
	1	7				5	9	
		9			3		1	
							7	
		5		4		6		
4					8	9		

58

		6						
					9		7	
8		7	6		3			
2			9					
4		9	3		1	7		6
					6			8
			4		7	9		3
	5		1					
						1		

59

	7			2				
1	6				3			
		3			9			4
9		5			6			
2								9
			9			3		1
4			5			9		
			4				6	7
				9			4	

60

		3					4	1
			3	9				5
	8		4					
	7							4
		9		5		7		
4							1	
					2		6	
8				1	3			
6	4					8		

1

			3			1	7	
	4	1	2					
			8				2	
9		5						8
7						9		4
	6				7			
					4	3	6	
	3	2			8			

2

		8	1		3			
		7						
6		2		9			8	
8			2					
	1			7			6	
					8			1
	5			6		7		4
						9		
			3		1	6		

3

		3	4			2		
	5							
	4			1			5	7
2					7			6
1			9					4
4	9			7			2	
							8	
		6			2	3		

4

	5							
	4				7	8		
		7	1		3			2
						4	1	
			3	9	8			
	6	5						
7			4		6	9		
		3	2				6	
							2	

5

			7				5	2
				2		6	7	
		4						
					1	7		
2		9				8		3
		6	5					
						9		
	4	1		8				
5	6				4			

6

					3	1		
				9				3
4	8				2			
			3				5	8
	7						4	
2	9				4			
			8				1	5
1				2				
		4	5					

7

				2		7		
				8		6		4
		5	9					2
7			2					
	6			4			1	
					8			5
9					1	4		
6		3		7				
		2		5				

8

1			7					
	4			6				3
	2		8			1		
8	1							
5								1
							3	9
		5			3		4	
9				4			8	
					2			6

9

1							4	
	8	5	7					
		6	8					
	1	8		9				
	9						5	
				8		6	3	
					4	5		
					9	1	7	
	7							3

10

				8				
9	7					4		
	6	3					8	
4			6		5			
	2						3	
			9		3			5
	8					2	6	
		6					7	1
				9				

11

				9			4	
	9					8	2	
			1	3				
2			5			4		
9								3
		7			2			6
				8	5			
	7	5					8	
	1			7				

12

	2			6				
					9	4	5	
	1				8			7
8	9	2						
				4				
						8	7	6
5			6				9	
	8	4	2					
				5			3	

13

	7					8		
5					3			
	1				5	6		
			7		2	3		
2								7
		9	4		6			
		8	9				2	
			8					5
		1					4	

14

4		5	1					
					5			
	7	9						3
5					2	9	3	
				8				
	6	1	7					4
2						6	1	
			5					
					8	2		7

15

			8		7		2	
		2	3					
		7				9		
6	3		7					
	4			3			1	
					2		5	8
		1				8		
					3	7		
	7		6		4			

16

1	6	7				4		
			8				5	2
			9					6
7					8			
				2				
			4					5
2					3			
6	7				1			
		4				2	3	9

17

9			3					2
5	3							
				7		8		4
		5		4				
	1						5	
				8		9		
2		8		6				
							2	7
6					3			8

18

					6		5	8
				4	5			
7	2							9
5							3	
			8	1	7			
	8							7
2							8	1
			6	9				
6	3		4					

19

		1			9			
	3					4		5
9			6			1		
	1					7		
			8		7			
		5					1	
		9			1			3
6		2					5	
			7			8		

20

5					7	1		
		2		8				
6		3		2				
	9			7	2			
8								4
			8	1			2	
				3		8		6
				4		7		
		4	9					5

21

4				8	3		9	
2	7							
		5	7		9	2		
	1						4	
		6	3		2	9		
							1	5
	3		6	7				8

22

			3			6	5	
		4						1
	2				4			
4					6		8	9
			9		2			
8	9		7					5
			8				9	
5						1		
	8	3			5			

23

					8		4	9
	7							
				1		7	8	
5			2			6		
			9		3			
		3			4			8
	5	2		7				
							3	
7	6		8					

24

	7							3
		5	2					
8		2		5				
1		6	9				3	5
3	5				6	4		9
				4		7		6
					8	5		
6							2	

25

9		5						
3	7			5	1			
								7
		3			7	4		
			8		3			
		6	1			5		
4								
			6	7			9	2
						3		8

26

		4			6			
		8		9	3			
							3	9
1	4				8			
	8						7	
			3				4	2
9	7							
			9	2		4		
			7			5		

27

	2							8
	8		5	9			2	
		6						7
			6			1	8	
			9		4			
	4	7			3			
1						6		
	6			2	1		5	
5							1	

28

					3			
	4	2					7	1
7					8		2	
1	8							
		9				6		
							4	3
	5		2					9
6	9					1	3	
			4					

29

	6	2						
	9		8					4
		8	3	7				
2			4			3		
	4						5	
		9			8			7
				3	1	5		
5					9		1	
						7	3	

30

							3	4
			1				2	9
1		8	3					
				9		3		
			2		3			
		9		7				
					1	4		7
6	1				8			
7	2							

31

			6				1	
4		2			8			
				5			3	6
				8		1	7	
	1	5		9				
9	3			1				
			3			4		7
	2				7			

32

							6	
			1	4		3		
	6	9				5		
7	1			9				6
9				5			7	2
		2				1	3	
		6		7	8			
	5							

33

						8	9	
			5		4			
		3	9				4	
	2					1		4
3								2
8		9					3	
	5				8	7		
			6		9			
	4	1						

34

	6		4	8	3			
		7				1	6	
	4		7	3				
		1				2		
				2	6		4	
	3	5				7		
			9	6	4		8	

35

		2	9					
7							4	
6			5			1	8	
	8			9				
			2	7				
			1				5	
	9	7			4			2
	1							3
					6	5		

36

							2	9
	7			1				
					3	4		7
	8			7				
		7	9		4	6		
				8			3	
5		2	7					
				4			8	
9	1							

37

		6			4	2		
					3	1	7	
							8	
1				7				6
			5		1			
6				4				2
	5							
	2	4	7					
		3	9			7		

38

						2	6	5
	9				4			
7		6						
	8				1			
		1	8		3	5		
			6				7	
						8		4
			1				9	
6	2	4						

39

				5				
	9	5						
		1	8	7		3		
8						2		
		3	1		9	4		
		9						6
		8		2	4	5		
						6	7	
				6				

40

				4	3	1		
2					8		4	
		5					9	
7	2				6			
			9				8	3
	3					2		
	1		4					9
		6	1	5				

41

1						3		
			3		4			
					5		8	2
	5					8		
	9		2		6		7	
		7					1	
2	7		1					
			7		8			
		3						4

42

4		9			1			
	8			4			6	
					8		3	
2		1						
6								1
						5		4
	9		7					
	6			3			8	
			4			7		5

43

		5		6		8		1
7					3			
	3							
			5				7	3
8								9
1	2				4			
							4	
			2					6
2		8		1		5		

44

			2		3			
				8				5
4			9					7
	8	7						
		6	3		1	5		
						6	4	
8					7			3
7				9				
			1		6			

45

	2	5			4			
						1		
	7			3		9		
1					7			
	4		5		8		7	
			2					6
		2		5			3	
		9						
			7			8	6	

46

			8				1	
5								9
	4	9						7
	3	5	6					
8								1
					5	2	9	
3						4	2	
9								3
	2				6			

47

							9	
2					6	8		
		5			9	7		
5			1	8				3
1				2	5			6
		4	8			6		
		2	3					1
	3							

48

			1			7		5
			4					9
2		9						
4			6	1				
	3						6	
				5	8			1
						4		2
1					3			
8		6			9			

49

				3	2	7	1	
	8							3
5								2
			4					
	6		1		9		4	
					6			
2								7
1							9	
	9	8	5	4				

50

		5			6	4	1	
	9			5				
1							9	
		1			7			
2								3
			6			9		
	6							9
				3			2	
	4	8	9			5		

51

9		5					1	
			8			4		
	4			7			3	
7								
		1	2		4	6		
								4
	8			2			9	
		6			5			
	7					1		5

52

		3		4				
				5			7	1
					9			6
8	6				7	3		
		5	4				1	8
2			6					
9	7			8				
				1		5		

53

6		7	9				8	
8				5				
1					6			
		6	7					
4								3
					2	5		
			8					7
				7				1
	2				4	3		5

54

8								
4			1		3		2	
	5					1		
	7		3					
		2				5		
					8		6	
		7					9	
	8		4		2			6
								3

1

		2						
				3		7		2
1			6					9
		3		5			8	
	1		7		2		3	
	7			1		2		
5					4			6
2		4		9				
						8		

2

		9					3	2
						9		6
	4		5					
			1	8			6	
		6		7		1		
	5			3	4			
					9		1	
4		2						
7	8					4		

3

							3	
	3			8		6		1
8	1				9			4
			7			2	9	
	6	5			2			
3			1				8	9
7		6		2			1	
	4							

4

4		3			2			
	6				3			
2		9			7			
8	4						7	5
5	1						6	9
			8			9		4
			1				8	
			6			7		3

5

		5		3	8		2	
						8		
				5		6		1
	9		3				7	
8								6
	4				2		1	
7		6		9				
		1						
	5		4	2		7		

6

		7						8
			8	9				6
		8	4		7			2
6		4						
	2						4	
						5		3
5			9		8	3		
4				1	2			
9						8		

7

			1			8	3	
		4			5			
8			6				4	
			5			9	8	
				9				
	3	1			7			
	5				1			4
			2			6		
	2	7			3			

8

1	7					5		6
		6		1				2
					6			
	2				3			
	8	1				3	4	
			5				6	
			3					
7				9		4		
4		5					2	7

9

5						1		
			6	4				
			7	5		2	3	
	5					9	6	
7								8
	3	9					7	
	6	2		8	3			
				7	9			
		8						2

10

		4	5			8	2	
				4				5
					1		6	
	6						5	2
				9				
2	5						3	
	9		3					
8				1				
	1	6			9	3		

11

9					5	2		
	7				8			
5	1	4						
		5	8					2
				2				
2					6	7		
						5	1	4
			4				6	
		1	5					9

12

					2			7
8		4			3			
	5	1		7				
9	1						5	
				3				
	8						6	9
				5		6	4	
			1			9		3
1			6					

13

	7		8	2	1		5	
	6					3	9	
6					3		7	
1								9
	8		5					2
	3	6					8	
	5		2	9	7		6	

14

		8						
			7		3	9		
	9		1			6		
	8						2	6
		1		3		8		
6	5						4	
		4			5		7	
		6	4		8			
						1		

15

6								
3		4					5	
7				9	8			
		7		4		6		1
				1				
8		6		5		4		
			9	2				8
	9					1		7
								4

16

					4			3
9					5			
3	6			7		8		
	8	9			2			
		7				3		
			5			9	1	
		3		9			8	4
			6					5
8			2					

17

			2		4			7
	1					4		
			9					3
9		5						6
		3		6		5		
2						7		4
5					2			
		1					5	
8			7		3			

18

7		3						2
	5	4						
		9	6		3			
					1		9	
	1			7			4	
	2		8					
			3		5	8		
						4	7	
8						3		9

19

1			5			9		
				6	2			
7						8	5	
	4	2						
			9	7	5			
						5	3	
	6	3						8
			6	8				
		8			7			4

20

				3			6	2
	6		7		9			
							1	8
8		5			4			
				9				
			2			8		5
3	7							
			5		6		4	
9	5			2				

21

4	5			3				8
		8						
3			5			6		
8		6			3			
			4		5			
			9			4		1
		5			2			9
						1		
1				9			8	4

22

		4			2			
2					9			4
7	3							
		6			8	3		
4			9		7			1
		2	4			9		
							8	7
5			1					9
			6			4		

23

						7	5	
		4			3			
		2	8			9		
			2		9		8	
	5						3	
	1		3		4			
		9			2	1		
			1			8		
	4	6						

24

		2			3			
		6			2			
	1					3		8
	6			1				7
		5		7		2		
1				8			9	
5		9					4	
			9			5		
			6			8		

25

9	5							
1					8	5		
			2			4		
			4	7		2	3	
	9	7		2	1			
		3			9			
		2	6					5
							7	8

26

		2				7		3
					7			9
8				1	4			
						6	2	
		8		2				
	5	9						
		6	4					7
4			3					
1		8				5		

27

			9					3
				7		6		
8		4			2			
	5			8			9	
		8	3		7	2		
	9			6			3	
			8			4		9
		2		1				
5					9			

28

						1		
				5	2			4
	2				8	7		
					6		3	5
	6						8	
7	3		9					
		1	7				6	
3			6	4				
		2						

29

2			4	7				
		7					6	9
		8						2
	1		2	5				
				8	7		2	
3						5		
1	4					2		
				2	6			7

30

			9		6			
3						9		
	7			3				1
	4			1				2
		3				6		
7				2			9	
2				7			1	
		5						6
			8		3			

31

						5	3	
	2	8						
7	1				3			2
	8			2				
			7		4			
				9			6	
9			5				4	1
						6	9	
	3	7						

32

						2		
		5		8				9
	8		4		5			1
6		1		7				
				4		8		3
8			9		6		3	
4				2		6		
		3						

33

					4		8	3
3			2					
	6					5		
					5	6		8
	2						7	
4		1	9					
		2					6	
					6			9
7	3		5					

34

	1		9					6
							3	7
6					4			
	6					3		5
			2		8			
9		7					2	
			1					3
8	3							
4					9		8	

35

	3	1	8			9		
9						5		
5			4					
		6	2					
1								7
					4	6		
				5				9
		4						1
		8			6	4	7	

36

	1			9				
6			7		5			3
	4	2			8			
8								
		7		5		6		
								5
			2			5	1	
9			8		3			2
				6			4	

37

	7	2						
			6				7	
			1		8		2	
		1				4	5	
		7		2		3		
	2	3				9		
	3		8		9			
	5				4			
						8	1	

38

	1			8				
7		4						
			9	1	3			8
			3			2		
	4			2			6	
		3			5			
9			5	6	1			
						8		9
				3			5	

39

							7	8
	3	7		9				
					8	6		
		6						7
	2	4		5		9	6	
3						1		
		9	2					
				7		5	1	
1	7							

40

7			3					
5			7				6	
8		6		1				
			8			7	9	
				6				
	4	2			5			
				3		2		4
	7				9			6
					8			1

41

		2	3		7			
				4				
	4			6		5		8
	6						5	
		7		8		6		
	2						1	
3		4		7			9	
				3				
			6		1	2		

42

				9	1		3	
		5						
2	9				3	7		
3			6					4
				8				
6					4			8
		6	8				4	1
						5		
	7		3	2				

43

7					4		5	
5			6		7	8		
	6					1		
	9							
			5	8	3			
							6	
		9					2	
		3	1		8			9
	5		3					7

44

					3	2	9	
		8				7		
7								3
5	4				6			
			2	8	5			
			1				3	5
6								4
		7				5		
	2	1	8					

45

	6				5			3
					1	2		
	9			2				7
						7	3	
			4	6	9			
	5	6						
2				9			1	
		3	8					
8			5				4	

46

				6		5		
6						1	4	
	7		8		9			
		9					1	
			3	1	8			
	3					2		
			7		3		8	
	5	2						4
		6		4				

47

		3			9			6
	2						5	7
	4				3			
8						1		
			2	9	4			
		7						5
			5				9	
4	6						7	
1			3			2		

48

1					3		7	
		7	5				1	
3						6		
		6	1					
8				3				6
					9	2		
		4						3
	5				2	4		
	8		6					7

49

		2		6				
	3		9	8				
1								8
	7				6	1		
		6		2		5		
		4	5				3	
8								4
				9	3		1	
				5		2		

50

		6	9		7			5
	4							2
8			5					
5	1	4						
				8				
						5	3	6
					2			3
2							5	
7			3		4	6		

51

		9		7				5
6			1			8		
			8					
		2	6			4		
		1		3		7		
		5			4	2		
					3			
		7			9			2
9				8		5		

52

1					4			3
6		4						
7	5		6					
	7		5				8	
				1				
	2				8		4	
					9		6	5
						3		2
4			7					9

53

	9		2		5			
				1		9	4	
			7					8
							2	7
4				8				5
7	1							
6					2			
	4	1		3				
			5		9		3	

54

	5		6	9				
	7				5			
					3	6		8
1		3				7		
		7				9		1
4		6	3					
			1				2	
				7	9		8	

1

				1	5			7
	4							
2	5		8		7			
8		9		4				
	6						7	
				9		2		1
			2		4		5	3
							1	
9			3	6				

2

					4			
1	7				3			9
	3	5				8		
			7	1			2	
8								6
	2			3	9			
		8				1	3	
6			1				4	7
			3					

3

	7	4						
		8	2		5		3	
		1		9				
	9	7	6					
	8						2	
					4	3	6	
				5		1		
	5		7		8	4		
						2	5	

4

2					4			9
		1				4		
6		9						5
		8		5				
	9			7			3	
				2		8		
1						5		2
		4				7		
9			6					4

5

4	1		6					8
2							1	
		6	1					9
	4	5		8				
				9		3	8	
9					4	7		
	2							1
8					3		4	2

6

			7				5	
7	4	9						8
		2	8					
		8						1
9			2		1			7
4						6		
					2	1		
5						3	8	9
	3				6			

7

2					9		8	
	4				7			
							5	4
			9			1		5
		4				3		
8		5			2			
1	2							
			3				9	
	7		1					2

8

			6			9		
6			1	5				4
		2			3	8		
						4		
	4		3		1		9	
		8						
		7	9			5		
5				2	6			1
		3			5			

9

				6		2		1
	5		7				3	
		8			3			
							4	8
5				9				6
7	1							
			1			8		
	3				6		5	
1		7		4				

10

					4			
9	5	1					2	
		3					9	7
8				1	5			3
5			2	6				4
1	2					8		
	8					9	4	1
			3					

11

		4	1					
						7		9
	7				9		6	
					7		8	6
		5		4		1		
3	4		9					
	1		5				4	
5		8						
					2	9		

12

	4		1		7			
					8			3
7		3		6				
					4		3	1
		9				5		
4	8		9					
				9		6		7
6			2					
			7		6		9	

13

			4					
	5	8			3		7	
3						8		6
	2		6			4	8	
	6	7			2		5	
9		3						4
	8		2			9	3	
					5			

14

3		1				5	6	
							1	
			9		8			7
5				9				
6			7		3			9
				2				4
8			3		1			
	2							
	7	6				4		3

15

			8		6	5		1
	2		9			6		
				1		4		
	8	4						
9								8
						3	5	
		9		7				
		1			2		9	
6		2	3		5			

16

			7			6		
	9	2				1	8	
	1			3	2			
			5					
	8	4				5	9	
					7			
			4	5			1	
	7	5				9	2	
		9			3			

17

		7	9		5			
					2	8	5	
8				6			3	
2		5					9	
	7					1		4
	1			5				6
	4	3	1					
			3		6	9		

18

	2				7	4	5	
8				9				
								9
9		7				8		
			8	2	4			
		4				5		1
6								
				1				6
	7	5	2				4	

19

			7					4
				4		1	9	
		1			5		6	
	6	2				5		
				9				
		9				4	7	
	4		5			8		
	9	5		3				
3					8			

20

		8	1					
					2	4		6
						8	7	
7			5					3
	4			6			2	
2					7			5
	3	7						
9		1	3					
					4	1		

21

	8	9		4			7	
1		6	7				2	
		8	1			9		2
9		1			5	8		
	5				2	3		1
	1			8		4	5	

22

			3		7	4		
	3	8		5				
6							5	
		6					9	
3				1				2
	9					3		
	8							4
				3		1	6	
		7	5		8			

23

1						6		
		4	5			1	8	
			7			2		
	6				4	8		
4								6
		9	2				3	
		3			9			
	9	6			2	4		
		7						2

24

			3			1		6
		7	5			4	9	
2							7	
			4	1				
		1				3		
				6	9			
	7							8
	1	3			2	7		
9		4			6			

25

	6			9			8	
3								
		9	5					1
6	9			8		3		
		7				4		
		5		7			6	9
7					4	6		
								4
	2			5			1	

26

5			8					
		3						
		6			3		2	8
				5		4	3	
			4	9	8			
	2	4		3				
8	7		9			5		
						1		
					2			6

27

	4			9			8	2
			7	2			1	
2	8							
	7					3		1
1		9					2	
							9	5
	9			8	4			
7	5			6			3	

28

9								7
				3			8	
8					7	4		
	4	7			1			
	2			5			4	
			9			1	2	
		2	7					1
	3			8				
4								6

29

2					4			9
		1				4		
6		9						5
		8		5				
	9			7			3	
				2		8		
1						5		2
		4				7		
9			6					4

30

					6			3
5					1	4		
6		7				9		
		3		7				5
				2				
4				3		8		
		5				2		8
		1	5					6
9			4					

31

		4						
				8	4		1	
			5	7	6	9		
6	7					5		2
3		1					4	8
		9	2	5	3			
	5		4	1				
						3		

32

6				7				
	7				9	5	3	
	4		6			7		
						6		9
			5		1			
2		8						
		2			4		9	
	3	6	8				2	
				2				7

33

3					7		8	
		9		1				7
	4							3
	8		2	9				
4								1
				6	8		4	
1							3	
7				4		9		
	2		6					4

34

		3			9	4		
6		2					8	
	1							
					2	3	4	
7				6				9
	4	1	8					
							7	
	7					9		6
		4	3			8		

35

					5		4	
8		2			6			
	4	3	1					
	6		2					
2				1				7
					9		5	
					1	2	9	
			9			4		3
	1		3					

36

		2				3		
		8	4				5	
			2					1
				5			4	3
	6			3			7	
9	7			6				
5					6			
	1				7	4		
		7				2		

37

		8		4				
5			8				9	
	3		5					4
7	1		9			6		
				6				
		4			1		3	8
6					3		1	
	2				4			6
				8		2		

38

					5	1		
	9		1	6				
4				8			2	7
						5	6	
				4				
	8	2						
6	4			9				8
				2	6		9	
		7	8					

39

		4			9		8	
			1				4	
	8					5		
3	6				8			5
				3				
1			5				2	4
		2					5	
	9				5			
	1		9			7		

40

8								4
	3	7						
			4	1	7			
5			6				1	
7		4				5		3
	2				4			7
			1	6	5			
						1	9	
2								8

41

			5	7				
		2			8			6
		5	4				1	
6						8		
	5			9			2	
		1						3
	9				4	6		
8			6			5		
				3	1			

42

6								1
			7			9		4
		8			3			
		4	1		7			
		5		2		6		
			9		6	8		
			5			2		
1		2			8			
4								6

43

								7
	6			5				
2	3			6		4	1	
		5	8					1
		8				9		
6					4	5		
	5	1		8			7	6
				7			9	
3								

44

		5						
				3		8		
7	8		4				6	
	7		1			5		
4				8				1
		9			2		7	
	5				7		4	9
		3		1				
						2		

45

7			6	8				
	1	4						8
					3		1	
				1			8	
	4	3				5	2	
	2			9				
	7		5					
5						6	4	
				2	6			1

46

2				7				
4					3	8		1
				6			3	
		8			5	4		
		5		9		7		
		1	4			6		
	6			3				
8		4	5					9
				4				8

47

	9							
		4	5				9	
1					8	7	4	
7	5			2				
		2				6		
				4			2	8
	2	7	3					9
	3				6	5		
							1	

48

		8			6		7	
3					4			
	6				9	2		1
	8					9		5
				3				
2		6					3	
8		4	1				5	
			6					3
	2		4			1		

49

6		5						
				1	7	9		
1		8	2				6	
		1					2	
4				9				1
	8					7		
	5				1	6		3
		2	7	3				
						2		8

50

				4				
					9	1		5
		4	8				6	2
3			6					9
	7						8	
5					3			7
7	4				6	3		
9		2	1					
				2				

51

		7	5				9	
6				9	7			1
					3	8		
	2	9						
			8		6			
						5	2	
		4	7					
9			2	1				6
	1				4	9		

52

		7					5	6
			2		9	8		
							2	
2					3			
1	4		9	2	6		7	8
			7					4
	3							
		5	8		4			
6	1					9		

53

	5				4			
	2				9			1
	4	8	3					
		5	2		6			
6				8				4
			9		7	3		
					3	6	2	
8			1				7	
			7				4	

54

	1			8	3	4	2	
						8		
	3		2				5	
			5				9	
8				3				7
	4				6			
	5				2		3	
		1						
	9	6	4	7			1	

1

		9		7			4	
					4		7	6
					9			8
		1			5			
	3						8	
			9			3		
6			2					
8	5		3					
	1			4		5		

2

					4	9		
8	5							6
1			5					
	7		2					
	3	6				8	7	
					6		4	
				7				3
5							1	9
		2	4					

3

			6			2		
	1		2			7	9	
				8				
6	5							
		7	4		2	9		
							7	6
				3				
	2	5			7		3	
		9			8			

4

6	4				2			
				1				7
	9	8			5			
	5				3	1		
				2				
		4	6				8	
			9			5	3	
4				7				
			5				7	6

5

6					3	7		
3								2
	5				7	9		
		7				3	4	
				9				
	2	3				8		
		4	6				8	
1								9
		8	2					1

6

				8				
	2	9			7			
			9	3		6		7
7	4				1		2	
	5		2				8	9
3		4		6	9			
			3			8	4	
				1				

7

		9	2	3				
3					4	5		
			7					6
	2		8					
	1			5			4	
					6		7	
8					2			
		4	1					2
				8	7	1		

8

	6	8	3					4
	2				5			
			2	4				
							7	6
9				8				1
4	1							
				2	9			
			7				4	
3					8	9	2	

9

4							7	
6	7				8			
		3		2		4		
	3	5		8		2		
		9		3		5	4	
		2		7		1		
			3				5	8
	9							6

10

				8		7	2	
		4		5			1	
1					3			
8		1				2		
			6		4			
		7				4		9
			9					3
	3			4		5		
	6	2		3				

11

		5				8	7	
8								6
			1		3			4
		6			9	3		
				2				
		2	8			9		
6			7		4			
7								2
	1	8				6		

12

9			1				2	
		1					5	
	8				2	4		
				7		3		
	6			5			8	
		5		1				
		4	8				1	
	2					7		
	9				7			3

13

1			3					
6							7	
	9		4	8				5
	1					5		
			1	3	8			
		9					4	
4				7	6		9	
	5							8
					2			7

14

					5			2
	6	3		8				
		1	6					
6	2					7		
		5		3		8		
		7					1	5
					9	6		
				1		9	7	
3			2					

15

8			2		5			6
							8	
2					3			9
			1	9			2	
		6				1		
	1			7	2			
9			5					3
	3							
4			9		8			7

16

		5	4					1
	1				3			
						8	9	
3			2					8
1				8				4
2					7			6
	7	6						
			3				4	
9					8	2		

17

2			1					
	7					6	1	
		6						9
6			8			9		
			5	4	9			
		8			2			5
8						7		
	1	9					6	
					7			4

18

1

5	3	1	4	2	6	9	7	8
4	2	9	3	7	8	5	1	6
8	7	6	1	5	9	3	4	2
3	5	7	8	6	4	1	2	9
6	8	2	5	9	1	4	3	7
1	9	4	2	3	7	6	8	5
2	4	8	6	1	5	7	9	3
9	6	3	7	4	2	8	5	1
7	1	5	9	8	3	2	6	4

2

7	4	5	9	2	8	1	3	6
3	8	9	4	6	1	2	5	7
1	6	2	5	7	3	8	4	9
6	2	4	7	5	9	3	8	1
9	7	8	1	3	4	6	2	5
5	1	3	6	8	2	9	7	4
4	3	6	2	9	7	5	1	8
2	9	7	8	1	5	4	6	3
8	5	1	3	4	6	7	9	2

3

6	5	4	8	9	1	7	2	3
7	2	3	6	5	4	1	8	9
8	1	9	2	3	7	6	4	5
5	3	2	7	1	8	9	6	4
9	4	8	3	6	5	2	7	1
1	7	6	4	2	9	3	5	8
4	6	1	9	8	2	5	3	7
2	9	7	5	4	3	8	1	6
3	8	5	1	7	6	4	9	2

4

8	4	6	9	3	7	5	2	1
2	3	5	1	6	8	4	9	7
7	9	1	4	5	2	8	6	3
1	8	2	7	9	5	6	3	4
6	5	4	2	1	3	7	8	9
9	7	3	8	4	6	2	1	5
4	1	8	6	7	9	3	5	2
5	2	9	3	8	4	1	7	6
3	6	7	5	2	1	9	4	8

5

6	9	8	2	7	3	1	4	5
4	2	3	9	5	1	8	6	7
7	1	5	4	6	8	2	9	3
1	8	4	5	3	7	9	2	6
9	7	6	1	2	4	5	3	8
3	5	2	6	8	9	7	1	4
8	4	7	3	9	2	6	5	1
5	3	9	7	1	6	4	8	2
2	6	1	8	4	5	3	7	9

6

1	8	2	9	7	3	5	6	4
5	7	9	4	6	8	2	3	1
6	4	3	1	5	2	9	7	8
9	5	6	2	1	7	4	8	3
7	3	4	6	8	5	1	9	2
2	1	8	3	4	9	6	5	7
3	9	5	8	2	1	7	4	6
4	2	7	5	3	6	8	1	9
8	6	1	7	9	4	3	2	5

9	7	8	3	2	5	1	4	6
3	6	1	9	4	7	8	5	2
2	5	4	1	6	8	3	9	7
4	1	7	6	8	9	5	2	3
6	8	2	5	3	4	9	7	1
5	3	9	7	1	2	6	8	4
8	2	6	4	5	1	7	3	9
7	4	3	8	9	6	2	1	5
1	9	5	2	7	3	4	6	8

7

5	2	9	8	4	7	3	1	6
1	3	4	2	6	5	9	8	7
6	7	8	1	3	9	2	4	5
4	6	3	5	1	8	7	2	9
9	8	5	7	2	4	1	6	3
2	1	7	3	9	6	4	5	8
3	9	1	6	8	2	5	7	4
8	5	2	4	7	3	6	9	1
7	4	6	9	5	1	8	3	2

8

7	9	1	2	4	3	6	5	8
5	6	4	7	1	8	3	2	9
3	8	2	5	9	6	4	1	7
8	4	7	9	2	5	1	3	6
9	1	6	4	3	7	2	8	5
2	3	5	6	8	1	9	7	4
1	5	9	3	7	4	8	6	2
4	7	3	8	6	2	5	9	1
6	2	8	1	5	9	7	4	3

9

5	4	7	9	2	3	6	1	8
3	8	6	4	7	1	5	2	9
9	2	1	8	6	5	7	4	3
6	9	4	3	8	2	1	7	5
1	3	5	6	9	7	4	8	2
2	7	8	1	5	4	9	3	6
8	6	2	7	1	9	3	5	4
4	1	9	5	3	8	2	6	7
7	5	3	2	4	6	8	9	1

10

5	8	6	1	2	4	3	9	7
1	7	2	6	9	3	8	4	5
4	9	3	7	5	8	6	2	1
6	4	7	9	8	5	1	3	2
9	5	8	2	3	1	7	6	4
3	2	1	4	7	6	5	8	9
2	6	9	8	1	7	4	5	3
7	3	4	5	6	9	2	1	8
8	1	5	3	4	2	9	7	6

11

8	3	1	9	6	2	5	4	7
4	2	6	7	3	5	8	9	1
9	7	5	8	1	4	2	6	3
2	6	8	5	7	1	4	3	9
5	9	3	4	8	6	1	7	2
1	4	7	3	2	9	6	8	5
6	5	4	2	9	3	7	1	8
7	1	9	6	5	8	3	2	4
3	8	2	1	4	7	9	5	6

12

13

9	4	1	3	2	8	6	5	7
8	6	5	7	9	4	2	3	1
3	7	2	1	5	6	9	4	8
1	2	6	4	8	7	3	9	5
5	8	9	2	6	3	1	7	4
4	3	7	9	1	5	8	2	6
6	9	4	5	3	1	7	8	2
2	5	8	6	7	9	4	1	3
7	1	3	8	4	2	5	6	9

14

5	6	4	7	1	2	8	3	9
2	7	8	9	5	3	1	6	4
3	1	9	4	6	8	5	7	2
4	8	3	5	9	7	2	1	6
7	2	6	3	8	1	4	9	5
9	5	1	6	2	4	3	8	7
8	3	7	2	4	9	6	5	1
1	4	5	8	7	6	9	2	3
6	9	2	1	3	5	7	4	8

15

4	3	5	6	9	1	2	8	7
7	2	1	4	3	8	6	5	9
8	9	6	7	2	5	4	3	1
2	5	4	8	1	7	3	9	6
1	7	8	9	6	3	5	2	4
3	6	9	5	4	2	7	1	8
6	1	3	2	8	4	9	7	5
9	8	7	3	5	6	1	4	2
5	4	2	1	7	9	8	6	3

16

6	2	8	3	1	9	4	7	5
7	1	9	2	4	5	8	6	3
3	5	4	7	8	6	9	2	1
9	8	3	5	2	1	7	4	6
4	7	1	6	9	8	3	5	2
2	6	5	4	3	7	1	9	8
1	3	2	9	6	4	5	8	7
5	4	6	8	7	3	2	1	9
8	9	7	1	5	2	6	3	4

17

6	5	7	4	9	3	2	1	8
1	3	4	8	6	2	7	9	5
9	2	8	7	5	1	6	4	3
5	6	2	9	3	4	1	8	7
8	7	9	5	1	6	3	2	4
4	1	3	2	8	7	9	5	6
2	4	5	3	7	9	8	6	1
7	9	1	6	4	8	5	3	2
3	8	6	1	2	5	4	7	9

18

9	7	1	5	6	2	4	3	8
6	3	8	4	7	1	9	5	2
2	4	5	9	3	8	6	1	7
1	2	4	8	5	6	3	7	9
8	9	7	2	4	3	5	6	1
3	5	6	1	9	7	2	8	4
4	8	9	3	1	5	7	2	6
7	1	3	6	2	9	8	4	5
5	6	2	7	8	4	1	9	3

19

4	5	3	2	7	1	8	9	6
2	9	7	8	6	5	1	4	3
6	8	1	9	4	3	2	7	5
8	3	2	6	5	9	7	1	4
7	1	5	3	2	4	9	6	8
9	6	4	7	1	8	5	3	2
3	4	9	1	8	2	6	5	7
5	2	6	4	9	7	3	8	1
1	7	8	5	3	6	4	2	9

20

7	6	1	8	4	3	5	2	9
3	9	4	2	5	1	8	6	7
8	5	2	7	6	9	3	1	4
2	7	5	1	3	8	9	4	6
4	8	3	9	2	6	1	7	5
9	1	6	5	7	4	2	3	8
6	2	7	3	8	5	4	9	1
5	3	9	4	1	7	6	8	2
1	4	8	6	9	2	7	5	3

21

5	7	6	8	9	3	1	2	4
4	8	2	1	7	5	9	6	3
1	3	9	4	6	2	8	5	7
9	2	1	7	3	6	4	8	5
7	5	3	9	4	8	6	1	2
6	4	8	5	2	1	7	3	9
2	9	5	6	1	7	3	4	8
8	1	7	3	5	4	2	9	6
3	6	4	2	8	9	5	7	1

22

2	6	1	9	7	5	8	4	3
3	8	4	1	6	2	9	7	5
7	5	9	4	3	8	1	2	6
9	2	6	5	1	4	3	8	7
8	1	3	7	2	9	5	6	4
4	7	5	3	8	6	2	1	9
6	3	7	2	9	1	4	5	8
5	9	2	8	4	7	6	3	1
1	4	8	6	5	3	7	9	2

23

3	5	2	1	4	6	8	9	7
4	9	7	2	5	8	6	3	1
1	6	8	7	3	9	2	4	5
2	7	3	6	1	4	9	5	8
5	8	6	9	2	3	7	1	4
9	1	4	5	8	7	3	6	2
6	2	1	8	9	5	4	7	3
8	3	9	4	7	1	5	2	6
7	4	5	3	6	2	1	8	9

24

2	1	7	6	3	5	4	8	9
5	8	4	2	7	9	1	6	3
6	9	3	4	8	1	7	5	2
3	5	1	8	9	7	6	2	4
4	2	8	1	5	6	3	9	7
9	7	6	3	4	2	5	1	8
8	4	2	5	1	3	9	7	6
1	3	9	7	6	8	2	4	5
7	6	5	9	2	4	8	3	1

25

2	4	8	9	3	1	6	7	5
5	3	1	7	6	8	9	2	4
9	6	7	2	4	5	8	1	3
4	7	6	5	8	2	1	3	9
3	1	5	4	9	7	2	8	6
8	2	9	3	1	6	5	4	7
6	5	2	1	7	4	3	9	8
7	8	3	6	2	9	4	5	1
1	9	4	8	5	3	7	6	2

26

2	4	7	6	8	3	9	1	5
6	1	9	2	7	5	8	4	3
5	3	8	4	1	9	2	7	6
1	2	3	5	6	4	7	9	8
4	9	5	7	3	8	1	6	2
8	7	6	1	9	2	3	5	4
9	5	4	3	2	7	6	8	1
7	6	2	8	4	1	5	3	9
3	8	1	9	5	6	4	2	7

27

3	9	8	1	2	4	5	7	6
7	4	6	9	5	3	2	1	8
5	1	2	6	8	7	4	9	3
4	8	7	5	3	1	9	6	2
6	2	3	4	9	8	7	5	1
9	5	1	7	6	2	3	8	4
8	6	9	3	4	5	1	2	7
2	7	4	8	1	9	6	3	5
1	3	5	2	7	6	8	4	9

28

4	6	9	2	1	3	7	5	8
5	8	2	4	7	9	6	1	3
1	7	3	6	8	5	4	2	9
3	5	6	9	2	7	1	8	4
2	1	7	8	5	4	3	9	6
9	4	8	1	3	6	2	7	5
8	3	5	7	6	1	9	4	2
6	9	1	5	4	2	8	3	7
7	2	4	3	9	8	5	6	1

29

3	1	4	7	6	8	2	9	5
7	2	6	3	9	5	8	1	4
8	9	5	2	4	1	6	7	3
1	3	2	4	5	6	7	8	9
4	5	7	9	8	2	3	6	1
9	6	8	1	7	3	5	4	2
6	8	9	5	2	4	1	3	7
5	7	3	8	1	9	4	2	6
2	4	1	6	3	7	9	5	8

30

3	9	5	2	4	6	7	8	1
4	8	7	3	1	9	6	5	2
2	6	1	5	7	8	9	3	4
9	5	2	7	8	3	4	1	6
1	7	3	4	6	2	8	9	5
6	4	8	1	9	5	3	2	7
5	1	6	8	3	4	2	7	9
8	2	4	9	5	7	1	6	3
7	3	9	6	2	1	5	4	8

31

3	2	9	1	5	7	8	6	4
6	1	5	2	8	4	3	9	7
4	8	7	6	9	3	5	2	1
7	6	1	5	4	2	9	8	3
5	3	2	8	7	9	4	1	6
8	9	4	3	1	6	7	5	2
2	5	6	7	3	8	1	4	9
1	4	3	9	6	5	2	7	8
9	7	8	4	2	1	6	3	5

32

6	4	5	9	1	2	3	7	8
2	1	7	3	4	8	9	6	5
3	8	9	7	6	5	4	1	2
7	9	6	1	5	3	8	2	4
4	5	1	2	8	7	6	3	9
8	2	3	4	9	6	7	5	1
9	6	2	5	7	4	1	8	3
5	7	4	8	3	1	2	9	6
1	3	8	6	2	9	5	4	7

33

1	9	4	7	6	2	8	3	5
7	5	2	4	3	8	9	1	6
6	8	3	1	9	5	4	2	7
8	2	9	6	7	4	3	5	1
4	1	7	3	5	9	6	8	2
3	6	5	8	2	1	7	4	9
5	7	6	2	4	3	1	9	8
2	4	8	9	1	7	5	6	3
9	3	1	5	8	6	2	7	4

34

1	3	9	8	2	6	4	5	7
6	7	8	5	9	4	1	3	2
4	2	5	7	1	3	8	6	9
9	5	7	6	8	1	3	2	4
8	1	3	4	7	2	6	9	5
2	6	4	3	5	9	7	8	1
7	8	6	2	4	5	9	1	3
3	9	2	1	6	7	5	4	8
5	4	1	9	3	8	2	7	6

35

6	4	8	7	3	1	2	9	5
9	3	7	5	2	8	1	4	6
2	5	1	4	9	6	3	8	7
8	7	2	9	4	5	6	3	1
5	1	4	6	7	3	8	2	9
3	9	6	1	8	2	5	7	4
4	2	5	3	1	9	7	6	8
1	8	9	2	6	7	4	5	3
7	6	3	8	5	4	9	1	2

36

8	1	4	6	2	3	7	9	5
2	9	7	4	5	1	8	3	6
3	5	6	8	9	7	1	4	2
4	8	9	2	1	5	6	7	3
7	6	2	3	4	9	5	8	1
5	3	1	7	8	6	4	2	9
6	2	8	5	3	4	9	1	7
9	4	5	1	7	2	3	6	8
1	7	3	9	6	8	2	5	4

37

4	9	1	2	5	3	6	7	8
7	5	8	6	1	9	3	2	4
3	2	6	4	8	7	1	5	9
2	6	9	7	3	5	4	8	1
8	7	4	9	2	1	5	3	6
5	1	3	8	4	6	2	9	7
9	3	5	1	6	8	7	4	2
6	8	2	5	7	4	9	1	3
1	4	7	3	9	2	8	6	5

38

7	6	8	4	2	9	5	3	1
2	5	3	7	1	6	8	4	9
9	1	4	5	8	3	2	7	6
4	3	5	8	6	2	9	1	7
6	2	9	1	3	7	4	5	8
8	7	1	9	5	4	3	6	2
5	9	6	3	7	8	1	2	4
1	8	2	6	4	5	7	9	3
3	4	7	2	9	1	6	8	5

39

3	9	2	6	1	5	8	7	4
4	1	8	9	7	3	6	5	2
6	5	7	8	2	4	9	3	1
2	8	5	1	6	7	3	4	9
9	3	1	4	8	2	7	6	5
7	6	4	5	3	9	1	2	8
1	2	3	7	4	8	5	9	6
5	4	6	3	9	1	2	8	7
8	7	9	2	5	6	4	1	3

40

7	9	8	6	1	3	4	5	2
4	1	2	8	9	5	3	7	6
3	6	5	2	7	4	8	1	9
2	3	1	9	4	7	5	6	8
5	8	4	3	6	2	7	9	1
9	7	6	1	5	8	2	3	4
1	5	3	4	8	9	6	2	7
8	2	9	7	3	6	1	4	5
6	4	7	5	2	1	9	8	3

41

3	9	4	8	7	5	1	6	2
2	6	8	1	9	4	5	7	3
5	7	1	3	6	2	4	8	9
6	8	2	5	4	3	7	9	1
4	1	3	9	8	7	6	2	5
7	5	9	6	2	1	8	3	4
1	2	5	7	3	8	9	4	6
8	3	6	4	1	9	2	5	7
9	4	7	2	5	6	3	1	8

42

3	1	8	7	4	9	5	2	6
9	5	2	1	8	6	4	7	3
6	4	7	3	2	5	9	8	1
4	2	1	6	5	7	3	9	8
5	6	3	8	9	2	1	4	7
7	8	9	4	1	3	2	6	5
2	3	5	9	7	8	6	1	4
8	9	4	5	6	1	7	3	2
1	7	6	2	3	4	8	5	9

43

1	7	6	2	4	9	3	8	5
3	4	8	6	1	5	9	2	7
9	5	2	7	8	3	1	4	6
5	8	7	4	9	2	6	1	3
6	1	4	8	3	7	5	9	2
2	3	9	1	5	6	8	7	4
8	9	3	5	2	4	7	6	1
4	6	1	3	7	8	2	5	9
7	2	5	9	6	1	4	3	8

44

1	5	3	9	2	6	8	4	7
4	7	2	8	1	5	6	9	3
9	8	6	4	7	3	5	2	1
7	6	1	2	4	8	3	5	9
8	2	4	3	5	9	1	7	6
5	3	9	7	6	1	2	8	4
6	9	5	1	8	7	4	3	2
3	4	8	6	9	2	7	1	5
2	1	7	5	3	4	9	6	8

45

9	1	5	6	7	8	2	4	3
4	6	3	2	1	5	8	7	9
7	8	2	4	3	9	5	1	6
8	7	1	9	2	4	6	3	5
3	2	6	5	8	1	7	9	4
5	9	4	7	6	3	1	8	2
1	4	8	3	5	6	9	2	7
2	5	9	1	4	7	3	6	8
6	3	7	8	9	2	4	5	1

46

3	2	4	6	9	7	1	8	5
6	1	5	2	8	4	7	3	9
7	8	9	1	3	5	2	4	6
4	3	7	9	6	2	8	5	1
8	5	1	4	7	3	9	6	2
9	6	2	8	5	1	4	7	3
2	9	8	3	4	6	5	1	7
5	4	3	7	1	9	6	2	8
1	7	6	5	2	8	3	9	4

47

1	6	8	9	4	3	7	5	2
9	2	7	6	5	8	4	1	3
4	3	5	7	1	2	6	9	8
7	1	4	3	8	5	9	2	6
2	8	6	4	7	9	1	3	5
3	5	9	1	2	6	8	7	4
8	4	3	5	9	1	2	6	7
6	9	2	8	3	7	5	4	1
5	7	1	2	6	4	3	8	9

48

8	6	3	7	9	5	4	2	1
9	1	2	8	6	4	7	3	5
5	7	4	1	2	3	6	8	9
1	3	9	5	4	8	2	6	7
2	4	5	3	7	6	1	9	8
7	8	6	9	1	2	5	4	3
3	2	8	6	5	7	9	1	4
6	5	1	4	3	9	8	7	2
4	9	7	2	8	1	3	5	6

49

8	9	6	7	2	4	3	5	1
1	7	2	5	8	3	9	4	6
4	3	5	6	9	1	8	2	7
6	8	1	3	7	5	2	9	4
2	5	7	9	4	6	1	3	8
3	4	9	8	1	2	7	6	5
7	1	4	2	6	9	5	8	3
5	2	8	4	3	7	6	1	9
9	6	3	1	5	8	4	7	2

50

3	7	6	5	9	8	2	4	1
4	9	5	6	2	1	8	3	7
8	2	1	7	4	3	9	6	5
7	6	3	2	1	9	4	5	8
9	1	4	3	8	5	7	2	6
2	5	8	4	6	7	1	9	3
1	8	2	9	5	6	3	7	4
5	3	9	8	7	4	6	1	2
6	4	7	1	3	2	5	8	9

51

7	9	3	5	8	2	1	4	6
6	8	2	4	9	1	5	3	7
5	1	4	7	3	6	2	9	8
9	4	6	3	1	7	8	5	2
3	7	8	2	5	9	6	1	4
1	2	5	6	4	8	3	7	9
4	6	1	8	7	3	9	2	5
2	3	7	9	6	5	4	8	1
8	5	9	1	2	4	7	6	3

52

6	5	3	9	8	2	4	7	1
2	9	7	5	1	4	6	3	8
4	1	8	3	7	6	2	5	9
3	8	4	7	2	5	9	1	6
9	7	6	4	3	1	5	8	2
1	2	5	6	9	8	3	4	7
5	4	1	2	6	7	8	9	3
8	3	2	1	5	9	7	6	4
7	6	9	8	4	3	1	2	5

53

7	8	9	6	2	5	3	4	1
3	4	6	7	1	8	5	9	2
5	2	1	4	9	3	6	8	7
2	1	4	3	6	7	8	5	9
6	5	3	1	8	9	7	2	4
8	9	7	2	5	4	1	3	6
1	3	8	9	7	2	4	6	5
9	7	5	8	4	6	2	1	3
4	6	2	5	3	1	9	7	8

54

4	6	3	2	7	8	5	9	1
9	8	1	5	3	6	4	7	2
2	5	7	1	9	4	8	6	3
1	7	9	3	4	2	6	5	8
8	4	2	6	5	7	1	3	9
6	3	5	8	1	9	7	2	4
7	9	6	4	8	3	2	1	5
3	1	8	7	2	5	9	4	6
5	2	4	9	6	1	3	8	7

55

2	9	8	7	5	6	3	1	4
4	1	5	8	3	2	9	7	6
6	3	7	1	9	4	8	2	5
8	4	9	3	6	1	7	5	2
3	6	2	5	4	7	1	9	8
5	7	1	9	2	8	4	6	3
7	8	3	6	1	5	2	4	9
9	5	4	2	7	3	6	8	1
1	2	6	4	8	9	5	3	7

56

3	6	9	4	2	7	5	1	8
2	1	5	8	6	9	3	7	4
4	7	8	5	1	3	2	9	6
5	4	1	7	9	6	8	2	3
9	2	3	1	4	8	6	5	7
6	8	7	2	3	5	1	4	9
7	3	4	6	5	2	9	8	1
8	9	2	3	7	1	4	6	5
1	5	6	9	8	4	7	3	2

57

4	1	8	2	9	7	5	6	3
7	3	6	8	5	1	9	2	4
9	2	5	3	6	4	7	1	8
8	6	2	1	7	9	3	4	5
1	9	4	5	2	3	8	7	6
5	7	3	6	4	8	1	9	2
6	4	1	7	3	5	2	8	9
3	8	9	4	1	2	6	5	7
2	5	7	9	8	6	4	3	1

58

9	5	2	1	8	6	7	4	3
1	4	6	3	5	7	8	2	9
7	3	8	4	9	2	1	6	5
5	2	4	7	1	9	3	8	6
3	1	7	8	6	4	5	9	2
6	8	9	5	2	3	4	1	7
8	9	1	6	3	5	2	7	4
2	7	5	9	4	1	6	3	8
4	6	3	2	7	8	9	5	1

59

5	1	6	7	2	4	8	3	9
3	4	2	5	8	9	6	7	1
8	9	7	6	1	3	2	4	5
2	6	5	9	7	8	3	1	4
4	8	9	3	5	1	7	2	6
7	3	1	2	4	6	5	9	8
1	2	8	4	6	7	9	5	3
6	5	3	1	9	2	4	8	7
9	7	4	8	3	5	1	6	2

60

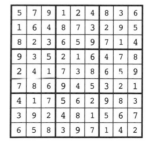

5	7	9	1	2	4	8	3	6
1	6	4	8	7	3	2	9	5
8	2	3	6	5	9	7	1	4
9	3	5	2	1	6	4	7	8
2	4	1	7	3	8	6	5	9
7	8	6	9	4	5	3	2	1
4	1	7	5	6	2	9	8	3
3	9	2	4	8	1	5	6	7
6	5	8	3	9	7	1	4	2

1

7	9	3	5	6	8	2	4	1
2	1	4	3	9	7	6	8	5
5	8	6	4	2	1	9	7	3
1	7	8	2	3	6	5	9	4
3	6	9	1	5	4	7	2	8
4	5	2	7	8	9	3	1	6
9	3	5	8	4	2	1	6	7
8	2	7	6	1	3	4	5	9
6	4	1	9	7	5	8	3	2

2

2	9	8	3	4	6	1	7	5
5	4	1	2	7	9	6	8	3
6	7	3	8	5	1	4	2	9
9	1	5	4	6	2	7	3	8
3	8	4	7	9	5	2	1	6
7	2	6	1	8	3	9	5	4
1	6	9	5	3	7	8	4	2
8	5	7	9	2	4	3	6	1
4	3	2	6	1	8	5	9	7

3

5	9	8	1	2	3	4	7	6
1	3	7	4	8	6	2	5	9
6	4	2	5	9	7	1	8	3
8	6	5	2	1	4	3	9	7
4	1	3	9	7	5	8	6	2
7	2	9	6	3	8	5	4	1
2	5	1	8	6	9	7	3	4
3	8	6	7	4	2	9	1	5
9	7	4	3	5	1	6	2	8

4

7	1	3	4	5	9	2	6	8
9	5	2	7	8	6	4	1	3
6	4	8	2	1	3	9	5	7
2	8	4	1	3	7	5	9	6
5	3	9	8	6	4	1	7	2
1	6	7	9	2	5	8	3	4
4	9	1	3	7	8	6	2	5
3	2	5	6	4	1	7	8	9
8	7	6	5	9	2	3	4	1

5

3	5	2	9	8	4	6	7	1
6	4	1	5	2	7	8	9	3
9	8	7	1	6	3	5	4	2
8	3	9	6	5	2	4	1	7
1	7	4	3	9	8	2	5	6
2	6	5	7	4	1	3	8	9
7	2	8	4	1	6	9	3	5
4	9	3	2	7	5	1	6	8
5	1	6	8	3	9	7	2	4

6

6	9	8	7	1	3	4	5	2
3	1	5	4	2	9	6	7	8
7	2	4	8	6	5	1	3	9
4	8	3	2	9	1	7	6	5
2	5	9	6	4	7	8	1	3
1	7	6	5	3	8	2	9	4
8	3	7	1	5	2	9	4	6
9	4	1	3	8	6	5	2	7
5	6	2	9	7	4	3	8	1

7

7	2	9	4	5	3	1	8	6
5	1	6	7	9	8	4	2	3
4	8	3	6	1	2	5	7	9
6	4	1	3	7	9	2	5	8
3	7	8	2	6	5	9	4	1
2	9	5	1	8	4	3	6	7
9	3	2	8	4	7	6	1	5
1	5	7	9	2	6	8	3	4
8	6	4	5	3	1	7	9	2

8

8	3	6	1	2	4	7	5	9
2	9	1	5	8	7	6	3	4
4	7	5	9	3	6	1	8	2
7	1	8	2	9	5	3	4	6
5	6	9	7	4	3	2	1	8
3	2	4	6	1	8	9	7	5
9	5	7	8	6	1	4	2	3
6	8	3	4	7	2	5	9	1
1	4	2	3	5	9	8	6	7

9

1	5	9	7	3	4	6	2	8
7	4	8	2	6	1	5	9	3
3	2	6	8	5	9	1	7	4
8	1	3	9	7	6	4	5	2
5	9	4	3	2	8	7	6	1
6	7	2	4	1	5	8	3	9
2	6	5	1	8	3	9	4	7
9	3	1	6	4	7	2	8	5
4	8	7	5	9	2	3	1	6

10

1	3	7	9	6	5	2	4	8
9	8	5	7	4	2	3	1	6
2	4	6	8	1	3	7	9	5
5	1	8	3	9	6	4	2	7
6	9	3	4	2	7	8	5	1
7	2	4	5	8	1	6	3	9
3	6	9	1	7	4	5	8	2
8	5	2	6	3	9	1	7	4
4	7	1	2	5	8	9	6	3

11

5	4	2	3	8	7	1	9	6
9	7	8	1	6	2	4	5	3
1	6	3	4	5	9	7	8	2
4	3	9	6	2	5	8	1	7
6	2	5	7	1	8	9	3	4
8	1	7	9	4	3	6	2	5
3	8	4	5	7	1	2	6	9
2	9	6	8	3	4	5	7	1
7	5	1	2	9	6	3	4	8

12

7	6	1	2	9	8	3	4	5
4	9	3	7	5	6	8	2	1
5	2	8	1	3	4	7	6	9
2	3	6	5	1	9	4	7	8
9	5	4	8	6	7	2	1	3
1	8	7	3	4	2	5	9	6
6	4	2	9	8	5	1	3	7
3	7	5	6	2	1	9	8	4
8	1	9	4	7	3	6	5	2

13

4	2	9	7	6	5	3	8	1
6	7	8	3	1	9	4	5	2
3	1	5	4	2	8	9	6	7
8	9	2	1	7	6	5	4	3
7	5	6	8	4	3	1	2	9
1	4	3	5	9	2	8	7	6
5	3	7	6	8	1	2	9	4
9	8	4	2	3	7	6	1	5
2	6	1	9	5	4	7	3	8

14

3	7	2	6	4	9	8	5	1
5	9	6	1	8	3	2	7	4
8	1	4	2	7	5	6	3	9
1	4	5	7	9	2	3	8	6
2	6	3	5	1	8	4	9	7
7	8	9	4	3	6	5	1	2
4	5	8	9	6	1	7	2	3
9	3	7	8	2	4	1	6	5
6	2	1	3	5	7	9	4	8

15

4	2	5	1	9	3	7	6	8
1	3	6	8	7	5	4	9	2
8	7	9	2	6	4	1	5	3
5	8	7	6	4	2	9	3	1
9	4	2	3	8	1	5	7	6
3	6	1	7	5	9	8	2	4
2	9	8	4	3	7	6	1	5
7	1	4	5	2	6	3	8	9
6	5	3	9	1	8	2	4	7

16

3	9	6	8	4	7	1	2	5
1	8	2	3	9	5	4	7	6
4	5	7	1	2	6	9	8	3
6	3	8	7	5	1	2	4	9
2	4	5	9	3	8	6	1	7
7	1	9	4	6	2	3	5	8
5	6	1	2	7	9	8	3	4
9	2	4	5	8	3	7	6	1
8	7	3	6	1	4	5	9	2

17

1	6	7	3	5	2	4	9	8
4	3	9	8	6	7	1	5	2
8	5	2	9	1	4	3	7	6
7	4	5	6	3	8	9	2	1
9	8	6	1	2	5	7	4	3
3	2	1	4	7	9	8	6	5
2	9	8	5	4	3	6	1	7
6	7	3	2	9	1	5	8	4
5	1	4	7	8	6	2	3	9

18

9	8	7	3	1	4	5	6	2
5	3	4	8	2	6	7	1	9
1	2	6	9	7	5	8	3	4
7	9	5	6	4	1	2	8	3
8	1	2	7	3	9	4	5	6
4	6	3	5	8	2	9	7	1
2	4	8	1	6	7	3	9	5
3	5	1	4	9	8	6	2	7
6	7	9	2	5	3	1	4	8

19

4	1	9	7	2	6	3	5	8
8	6	3	9	4	5	1	7	2
7	2	5	1	3	8	4	6	9
5	7	1	2	6	9	8	3	4
3	4	2	8	1	7	5	9	6
9	8	6	3	5	4	2	1	7
2	9	4	5	7	3	6	8	1
1	5	8	6	9	2	7	4	3
6	3	7	4	8	1	9	2	5

20

5	2	1	4	8	9	3	6	7
8	3	6	1	7	2	4	9	5
9	4	7	6	5	3	1	8	2
3	1	8	2	6	5	7	4	9
2	9	4	8	1	7	5	3	6
7	6	5	9	3	4	2	1	8
4	8	9	5	2	1	6	7	3
6	7	2	3	4	8	9	5	1
1	5	3	7	9	6	8	2	4

21

5	4	8	3	9	7	1	6	2
9	1	2	5	8	6	4	3	7
6	7	3	1	2	4	9	5	8
3	9	5	4	7	2	6	8	1
8	2	1	6	5	9	3	7	4
4	6	7	8	1	3	5	2	9
2	5	9	7	3	1	8	4	6
1	8	6	2	4	5	7	9	3
7	3	4	9	6	8	2	1	5

22

5	9	8	4	6	7	1	3	2
4	6	1	2	8	3	5	9	7
2	7	3	5	9	1	8	6	4
3	4	5	7	1	9	2	8	6
9	1	2	8	5	6	7	4	3
7	8	6	3	4	2	9	5	1
8	2	7	9	3	4	6	1	5
1	3	9	6	7	5	4	2	8
6	5	4	1	2	8	3	7	9

23

7	1	8	3	2	9	6	5	4
6	3	4	5	7	8	9	2	1
9	2	5	6	1	4	8	3	7
4	7	2	1	5	6	3	8	9
3	5	1	9	8	2	4	7	6
8	9	6	7	4	3	2	1	5
2	4	7	8	6	1	5	9	3
5	6	9	2	3	7	1	4	8
1	8	3	4	9	5	7	6	2

24

1	3	6	7	2	8	5	4	9
2	7	8	5	4	9	3	6	1
9	4	5	3	1	6	7	8	2
5	9	4	2	8	7	6	1	3
8	1	7	9	6	3	4	2	5
6	2	3	1	5	4	9	7	8
3	5	2	4	7	1	8	9	6
4	8	1	6	9	5	2	3	7
7	6	9	8	3	2	1	5	4

25

4	7	1	6	8	9	2	5	3
9	3	5	2	1	7	6	4	8
8	6	2	4	5	3	9	1	7
1	2	6	9	7	4	8	3	5
7	9	4	8	3	5	1	6	2
3	5	8	1	2	6	4	7	9
5	1	9	3	4	2	7	8	6
2	4	3	7	6	8	5	9	1
6	8	7	5	9	1	3	2	4

26

9	4	5	7	8	6	2	3	1
3	7	2	9	5	1	8	6	4
8	6	1	4	3	2	9	5	7
1	9	3	5	2	7	4	8	6
2	5	4	8	6	3	7	1	9
7	8	6	1	4	9	5	2	3
4	2	9	3	1	8	6	7	5
5	3	8	6	7	4	1	9	2
6	1	7	2	9	5	3	4	8

27

3	9	4	1	7	6	2	8	5
7	2	8	5	9	3	6	1	4
5	1	6	8	4	2	7	3	9
1	4	7	2	6	8	9	5	3
2	8	3	4	5	9	1	7	6
6	5	9	3	1	7	8	4	2
9	7	5	6	8	4	3	2	1
8	3	1	9	2	5	4	6	7
4	6	2	7	3	1	5	9	8

28

9	2	1	3	4	7	5	6	8
7	8	3	5	9	6	4	2	1
4	5	6	2	1	8	9	3	7
3	9	5	6	7	2	1	8	4
2	1	8	9	5	4	3	7	6
6	4	7	1	8	3	2	9	5
1	7	2	8	3	5	6	4	9
8	6	9	4	2	1	7	5	3
5	3	4	7	6	9	8	1	2

29

9	6	1	7	2	3	8	5	4
8	4	2	9	6	5	3	7	1
7	3	5	1	4	8	9	2	6
1	8	3	6	7	4	2	9	5
4	7	9	3	5	2	6	1	8
5	2	6	8	9	1	7	4	3
3	5	7	2	1	6	4	8	9
6	9	4	5	8	7	1	3	2
2	1	8	4	3	9	5	6	7

30

7	6	2	5	9	4	1	8	3
3	9	5	8	1	6	2	7	4
4	1	8	3	7	2	9	6	5
2	5	1	4	6	7	3	9	8
8	4	7	9	2	3	6	5	1
6	3	9	1	5	8	4	2	7
9	8	6	7	3	1	5	4	2
5	7	3	2	4	9	8	1	6
1	2	4	6	8	5	7	3	9

31

5	6	2	9	8	7	1	3	4
3	4	7	1	6	5	8	2	9
1	9	8	3	4	2	7	6	5
8	7	1	5	9	6	3	4	2
4	5	6	2	1	3	9	7	8
2	3	9	8	7	4	5	1	6
9	8	3	6	2	1	4	5	7
6	1	4	7	5	8	2	9	3
7	2	5	4	3	9	6	8	1

32

8	5	3	6	7	9	2	1	4
4	6	2	1	3	8	7	5	9
7	9	1	4	5	2	8	3	6
3	4	9	2	8	6	1	7	5
6	7	8	5	4	1	9	2	3
2	1	5	7	9	3	6	4	8
9	3	7	8	1	4	5	6	2
1	8	6	3	2	5	4	9	7
5	2	4	9	6	7	3	8	1

33

4	3	1	5	2	9	7	6	8
5	7	8	1	4	6	3	2	9
2	6	9	8	3	7	5	4	1
7	1	4	2	9	3	8	5	6
6	2	5	7	8	4	9	1	3
9	8	3	6	5	1	4	7	2
8	9	2	4	6	5	1	3	7
1	4	6	3	7	8	2	9	5
3	5	7	9	1	2	6	8	4

34

4	7	5	1	2	3	8	9	6
1	9	6	5	8	4	2	7	3
2	8	3	9	6	7	5	4	1
5	2	7	3	9	6	1	8	4
3	6	4	8	7	1	9	5	2
8	1	9	2	4	5	6	3	7
6	5	2	4	3	8	7	1	9
7	3	8	6	1	9	4	2	5
9	4	1	7	5	2	3	6	8

35

5	2	4	6	7	1	9	3	8
1	6	9	4	8	3	5	7	2
3	8	7	5	9	2	1	6	4
2	4	8	7	3	5	6	1	9
6	7	1	8	4	9	2	5	3
9	5	3	1	2	6	8	4	7
4	3	5	2	1	8	7	9	6
7	1	2	9	6	4	3	8	5
8	9	6	3	5	7	4	2	1

36

1	4	2	9	7	8	6	3	5
7	5	8	6	3	1	2	4	9
6	3	9	5	4	2	1	8	7
3	8	1	4	5	9	7	2	6
9	6	5	2	8	7	3	1	4
2	7	4	1	6	3	9	5	8
5	9	7	3	1	4	8	6	2
8	1	6	7	2	5	4	9	3
4	2	3	8	9	6	5	7	1

37

3	5	1	4	6	7	8	2	9
4	7	9	8	1	2	5	6	3
8	2	6	5	9	3	4	1	7
6	8	5	3	7	1	9	4	2
1	3	7	9	2	4	6	5	8
2	9	4	6	8	5	7	3	1
5	4	2	7	3	8	1	9	6
7	6	3	1	4	9	2	8	5
9	1	8	2	5	6	3	7	4

38

3	7	6	1	8	4	2	5	9
5	8	2	6	9	3	1	7	4
4	1	9	2	5	7	6	8	3
1	4	5	3	7	2	8	9	6
2	9	8	5	6	1	4	3	7
6	3	7	8	4	9	5	1	2
7	5	1	4	3	6	9	2	8
9	2	4	7	1	8	3	6	5
8	6	3	9	2	5	7	4	1

39

4	3	8	9	1	7	2	6	5
1	9	2	5	6	4	3	8	7
7	5	6	2	3	8	4	1	9
5	8	7	4	2	1	9	3	6
9	6	1	8	7	3	5	4	2
2	4	3	6	9	5	1	7	8
3	1	9	7	5	6	8	2	4
8	7	5	1	4	2	6	9	3
6	2	4	3	8	9	7	5	1

40

3	8	6	9	5	2	7	4	1
7	9	5	4	1	3	8	6	2
2	4	1	8	7	6	3	9	5
8	1	7	6	4	5	2	3	9
6	2	3	1	8	9	4	5	7
4	5	9	2	3	7	1	8	6
9	6	8	7	2	4	5	1	3
1	3	2	5	9	8	6	7	4
5	7	4	3	6	1	9	2	8

41

6	9	8	5	4	3	1	7	2
2	7	1	6	9	8	3	4	5
3	4	5	2	7	1	6	9	8
7	2	9	3	8	6	5	1	4
8	5	3	7	1	4	9	2	6
1	6	4	9	2	5	7	8	3
4	3	7	8	6	9	2	5	1
5	1	2	4	3	7	8	6	9
9	8	6	1	5	2	4	3	7

42

1	2	5	8	9	7	3	4	6
9	6	8	3	2	4	1	5	7
7	3	4	6	1	5	9	8	2
4	5	2	9	7	1	8	6	3
3	9	1	2	8	6	4	7	5
6	8	7	4	5	3	2	1	9
2	7	6	1	4	9	5	3	8
5	4	9	7	3	8	6	2	1
8	1	3	5	6	2	7	9	4

43

4	7	9	3	6	1	2	5	8
3	8	2	5	4	9	1	6	7
5	1	6	2	7	8	4	3	9
2	4	1	9	5	3	8	7	6
6	5	7	8	2	4	3	9	1
9	3	8	6	1	7	5	2	4
1	9	5	7	8	2	6	4	3
7	6	4	1	3	5	9	8	2
8	2	3	4	9	6	7	1	5

44

4	9	5	7	6	2	8	3	1
7	8	2	1	5	3	9	6	4
6	3	1	4	9	8	7	2	5
9	6	4	5	8	1	2	7	3
8	5	3	6	2	7	4	1	9
1	2	7	9	3	4	6	5	8
5	1	6	8	7	9	3	4	2
3	7	9	2	4	5	1	8	6
2	4	8	3	1	6	5	9	7

45

6	5	8	2	7	3	4	9	1
1	7	9	6	8	4	2	3	5
4	2	3	9	1	5	8	6	7
5	8	7	4	6	9	3	1	2
9	4	6	3	2	1	5	7	8
3	1	2	7	5	8	6	4	9
8	6	1	5	4	7	9	2	3
7	3	4	8	9	2	1	5	6
2	9	5	1	3	6	7	8	4

46

9	2	5	1	7	4	6	8	3
4	3	8	9	6	2	1	5	7
6	7	1	8	3	5	9	4	2
1	9	3	6	4	7	5	2	8
2	4	6	5	9	8	3	7	1
5	8	7	2	1	3	4	9	6
8	6	2	4	5	1	7	3	9
7	5	9	3	8	6	2	1	4
3	1	4	7	2	9	8	6	5

47

6	7	3	8	4	9	5	1	2
5	8	2	7	1	3	6	4	9
1	4	9	5	6	2	8	3	7
2	3	5	6	9	1	7	8	4
8	9	6	2	7	4	3	5	1
7	1	4	3	8	5	2	9	6
3	6	1	9	5	7	4	2	8
9	5	7	4	2	8	1	6	3
4	2	8	1	3	6	9	7	5

48

7	6	1	5	4	8	3	9	2
2	4	9	7	3	6	8	1	5
3	8	5	2	1	9	7	6	4
5	9	6	1	8	4	2	7	3
4	2	8	6	7	3	1	5	9
1	7	3	9	2	5	4	8	6
9	1	4	8	5	2	6	3	7
8	5	2	3	6	7	9	4	1
6	3	7	4	9	1	5	2	8

3	8	4	1	9	6	7	2	5
6	1	5	4	2	7	8	3	9
2	7	9	8	3	5	6	1	4
4	9	8	6	1	2	3	5	7
5	3	1	9	7	4	2	6	8
7	6	2	3	5	8	9	4	1
9	5	3	7	6	1	4	8	2
1	4	7	2	8	3	5	9	6
8	2	6	5	4	9	1	7	3

49

9	4	6	8	3	2	7	1	5
7	8	2	9	1	5	4	6	3
5	1	3	7	6	4	9	8	2
8	2	9	4	5	3	1	7	6
3	6	5	1	7	9	2	4	8
4	7	1	2	8	6	5	3	9
2	3	4	6	9	1	8	5	7
1	5	7	3	2	8	6	9	4
6	9	8	5	4	7	3	2	1

50

8	3	5	2	9	6	4	1	7
6	9	7	1	5	4	3	8	2
1	2	4	8	7	3	6	9	5
9	5	1	3	8	7	2	6	4
2	8	6	5	4	9	1	7	3
4	7	3	6	2	1	9	5	8
3	6	2	7	1	5	8	4	9
5	1	9	4	3	8	7	2	6
7	4	8	9	6	2	5	3	1

51

9	3	5	6	4	2	8	1	7
2	1	7	8	5	3	4	6	9
6	4	8	1	7	9	5	3	2
7	2	4	3	6	8	9	5	1
3	5	1	2	9	4	6	7	8
8	6	9	5	1	7	3	2	4
5	8	3	4	2	1	7	9	6
1	9	6	7	8	5	2	4	3
4	7	2	9	3	6	1	8	5

52

6	2	3	7	4	1	8	9	5
4	9	8	3	5	6	2	7	1
5	1	7	8	2	9	4	3	6
8	6	2	1	9	7	3	5	4
1	4	9	5	3	8	7	6	2
7	3	5	4	6	2	9	1	8
2	5	4	6	7	3	1	8	9
9	7	1	2	8	5	6	4	3
3	8	6	9	1	4	5	2	7

53

6	5	7	9	3	1	4	8	2
8	9	2	4	5	7	1	3	6
1	4	3	2	8	6	7	5	9
2	3	6	7	4	5	9	1	8
4	7	5	1	9	8	2	6	3
9	8	1	3	6	2	5	7	4
5	1	9	8	2	3	6	4	7
3	6	4	5	7	9	8	2	1
7	2	8	6	1	4	3	9	5

54

8	2	1	5	4	9	6	3	7
4	9	6	1	7	3	8	2	5
7	5	3	2	8	6	1	4	9
6	7	8	3	5	4	9	1	2
3	4	2	6	9	1	5	7	8
9	1	5	7	2	8	3	6	4
2	3	7	8	6	5	4	9	1
1	8	9	4	3	2	7	5	6
5	6	4	9	1	7	2	8	3

1

7	5	2	1	4	9	3	6	8
6	4	9	5	3	8	7	1	2
1	3	8	6	2	7	4	5	9
4	2	3	9	5	6	1	8	7
9	1	5	7	8	2	6	3	4
8	7	6	4	1	3	2	9	5
5	8	1	3	7	4	9	2	6
2	6	4	8	9	1	5	7	3
3	9	7	2	6	5	8	4	1

2

6	7	9	4	1	8	5	3	2
5	1	8	3	2	7	9	4	6
2	4	3	5	9	6	7	8	1
9	2	4	1	8	5	3	6	7
8	3	6	9	7	2	1	5	4
1	5	7	6	3	4	8	2	9
3	6	5	7	4	9	2	1	8
4	9	2	8	5	1	6	7	3
7	8	1	2	6	3	4	9	5

3

6	2	4	5	7	1	9	3	8
5	3	9	2	8	4	6	7	1
8	1	7	6	3	9	5	2	4
4	8	1	7	6	5	2	9	3
2	7	3	4	9	8	1	5	6
9	6	5	3	1	2	8	4	7
3	5	2	1	4	6	7	8	9
7	9	6	8	2	3	4	1	5
1	4	8	9	5	7	3	6	2

4

4	7	3	9	1	2	6	5	8
1	6	5	4	8	3	2	9	7
2	8	9	5	6	7	4	3	1
8	4	2	3	9	6	1	7	5
3	9	6	7	5	1	8	4	2
5	1	7	2	4	8	3	6	9
6	3	1	8	7	5	9	2	4
7	2	4	1	3	9	5	8	6
9	5	8	6	2	4	7	1	3

5

1	6	5	9	3	8	4	2	7
2	7	9	1	4	6	8	3	5
3	8	4	2	5	7	6	9	1
6	9	2	3	1	4	5	7	8
8	1	3	5	7	9	2	4	6
5	4	7	6	8	2	3	1	9
7	2	6	8	9	3	1	5	4
4	3	1	7	6	5	9	8	2
9	5	8	4	2	1	7	6	3

6

7

1	6	7	2	3	5	4	9	8
2	4	5	8	9	1	7	3	6
3	9	8	4	6	7	1	5	2
6	5	4	7	8	3	2	1	9
8	2	3	1	5	9	6	4	7
7	1	9	6	2	4	5	8	3
5	7	2	9	4	8	3	6	1
4	8	6	3	1	2	9	7	5
9	3	1	5	7	6	8	2	4

8

2	6	5	1	4	9	8	3	7
3	1	4	7	8	5	2	6	9
8	7	9	6	3	2	1	4	5
7	4	2	5	1	6	9	8	3
5	8	6	3	9	4	7	1	2
9	3	1	8	2	7	4	5	6
6	5	8	9	7	1	3	2	4
4	9	3	2	5	8	6	7	1
1	2	7	4	6	3	5	9	8

9

1	7	4	8	3	2	5	9	6
8	5	6	4	1	9	7	3	2
2	9	3	7	5	6	1	8	4
5	2	9	6	4	3	8	7	1
6	8	1	9	2	7	3	4	5
3	4	7	5	8	1	2	6	9
9	1	2	3	7	4	6	5	8
7	6	8	2	9	5	4	1	3
4	3	5	1	6	8	9	2	7

10

5	2	7	9	3	8	1	4	6
1	9	3	6	4	2	8	5	7
6	8	4	7	5	1	2	3	9
8	5	1	3	2	7	9	6	4
7	4	6	1	9	5	3	2	8
2	3	9	8	6	4	5	7	1
9	6	2	4	8	3	7	1	5
4	1	5	2	7	9	6	8	3
3	7	8	5	1	6	4	9	2

11

1	7	4	5	6	3	8	2	9
6	8	3	9	4	2	7	1	5
9	2	5	7	8	1	4	6	3
7	6	8	1	3	4	9	5	2
3	4	1	2	9	5	6	7	8
2	5	9	6	7	8	1	3	4
4	9	7	3	5	6	2	8	1
8	3	2	4	1	7	5	9	6
5	1	6	8	2	9	3	4	7

12

9	8	6	1	4	5	2	7	3
3	7	2	6	9	8	1	4	5
5	1	4	2	7	3	9	8	6
7	6	5	8	3	1	4	9	2
1	9	3	7	2	4	6	5	8
2	4	8	9	5	6	7	3	1
6	2	7	3	8	9	5	1	4
8	5	9	4	1	2	3	6	7
4	3	1	5	6	7	8	2	9

13

6	3	9	4	1	2	5	8	7
8	7	4	5	6	3	1	9	2
2	5	1	8	7	9	4	3	6
9	1	7	2	8	6	3	5	4
4	2	6	9	3	5	7	1	8
3	8	5	7	4	1	2	6	9
7	9	2	3	5	8	6	4	1
5	6	8	1	2	4	9	7	3
1	4	3	6	9	7	8	2	5

14

9	7	3	8	2	1	4	5	6
5	1	4	9	3	6	7	2	8
8	6	2	7	5	4	3	9	1
6	2	9	1	8	3	5	7	4
1	4	5	6	7	2	8	3	9
3	8	7	5	4	9	6	1	2
2	3	6	4	1	5	9	8	7
7	9	1	3	6	8	2	4	5
4	5	8	2	9	7	1	6	3

15

1	7	8	9	5	6	4	3	2
4	6	2	7	8	3	9	1	5
5	9	3	1	2	4	6	8	7
3	8	9	5	4	1	7	2	6
2	4	1	6	3	7	8	5	9
6	5	7	8	9	2	3	4	1
9	1	4	3	6	5	2	7	8
7	2	6	4	1	8	5	9	3
8	3	5	2	7	9	1	6	4

16

6	2	9	4	7	5	8	1	3
3	8	4	1	6	2	7	5	9
7	5	1	3	9	8	2	4	6
5	3	7	2	4	9	6	8	1
9	4	2	8	1	6	3	7	5
8	1	6	7	5	3	4	9	2
4	7	3	9	2	1	5	6	8
2	9	5	6	8	4	1	3	7
1	6	8	5	3	7	9	2	4

17

2	1	5	8	6	4	7	9	3
9	7	8	3	2	5	4	6	1
3	6	4	9	7	1	8	5	2
1	8	9	7	3	2	5	4	6
6	5	7	4	1	9	3	2	8
4	3	2	5	8	6	9	1	7
5	2	3	1	9	7	6	8	4
7	9	1	6	4	8	2	3	5
8	4	6	2	5	3	1	7	9

18

6	5	8	2	3	4	9	1	7
3	1	9	8	7	6	4	2	5
4	2	7	9	1	5	8	6	3
9	4	5	3	2	7	1	8	6
1	7	3	4	6	8	5	9	2
2	8	6	5	9	1	7	3	4
5	6	4	1	8	2	3	7	9
7	3	1	6	4	9	2	5	8
8	9	2	7	5	3	6	4	1

19

7	6	3	4	1	9	5	8	2
1	5	4	2	8	7	9	6	3
2	8	9	6	5	3	7	1	4
4	7	6	5	3	1	2	9	8
3	1	8	9	7	2	6	4	5
9	2	5	8	6	4	1	3	7
6	9	7	3	4	5	8	2	1
5	3	2	1	9	8	4	7	6
8	4	1	7	2	6	3	5	9

20

1	3	6	5	4	8	9	2	7
8	9	5	7	6	2	4	1	3
7	2	4	3	9	1	8	5	6
5	4	2	1	3	6	7	8	9
3	8	1	9	7	5	6	4	2
6	7	9	8	2	4	5	3	1
2	6	3	4	5	9	1	7	8
4	1	7	6	8	3	2	9	5
9	5	8	2	1	7	3	6	4

21

5	8	9	4	3	1	7	6	2
1	6	2	7	8	9	4	5	3
7	4	3	6	5	2	9	1	8
8	9	5	3	1	4	2	7	6
6	2	7	8	9	5	1	3	4
4	3	1	2	6	7	8	9	5
3	7	6	9	4	8	5	2	1
2	1	8	5	7	6	3	4	9
9	5	4	1	2	3	6	8	7

22

4	5	7	6	3	9	2	1	8
6	1	8	7	2	4	9	5	3
3	2	9	5	8	1	6	4	7
8	4	6	2	1	3	7	9	5
2	9	1	4	7	5	8	3	6
5	7	3	9	6	8	4	2	1
7	8	5	1	4	2	3	6	9
9	3	4	8	5	6	1	7	2
1	6	2	3	9	7	5	8	4

23

6	9	4	7	5	2	1	3	8
2	1	8	3	6	9	7	5	4
7	3	5	8	4	1	2	9	6
9	7	6	5	1	8	3	4	2
4	5	3	9	2	7	8	6	1
1	8	2	4	3	6	9	7	5
3	6	1	2	9	4	5	8	7
5	4	7	1	8	3	6	2	9
8	2	9	6	7	5	4	1	3

24

8	3	1	9	4	6	7	5	2
5	9	4	7	2	3	6	1	8
6	7	2	8	1	5	9	4	3
4	6	3	2	7	9	5	8	1
2	5	7	6	8	1	4	3	9
9	1	8	3	5	4	2	7	6
7	8	9	4	3	2	1	6	5
3	2	5	1	6	7	8	9	4
1	4	6	5	9	8	3	2	7

7	8	2	1	4	3	9	6	5
3	5	6	8	9	2	7	1	4
9	1	4	5	6	7	3	2	8
8	6	3	2	1	9	4	5	7
4	9	5	3	7	6	2	8	1
1	2	7	4	8	5	6	9	3
5	3	9	7	2	8	1	4	6
6	4	8	9	3	1	5	7	2
2	7	1	6	5	4	8	3	9

25

9	5	6	3	1	4	7	8	2
1	2	4	7	9	8	5	6	3
7	3	8	2	5	6	4	9	1
6	8	1	4	7	5	2	3	9
2	4	5	9	6	3	8	1	7
3	9	7	8	2	1	6	5	4
4	7	3	5	8	9	1	2	6
8	1	2	6	3	7	9	4	5
5	6	9	1	4	2	3	7	8

26

9	4	2	5	6	8	7	1	3
5	1	6	2	3	7	4	8	9
8	7	3	9	1	4	2	5	6
7	8	1	4	9	3	6	2	5
6	3	4	8	5	2	9	7	1
2	5	9	1	7	6	3	4	8
3	2	5	6	4	1	8	9	7
4	9	7	3	8	5	1	6	2
1	6	8	7	2	9	5	3	4

27

6	2	5	9	4	1	8	7	3
3	1	9	5	7	8	6	4	2
8	7	4	6	3	2	9	1	5
2	5	3	1	8	4	7	9	6
1	6	8	3	9	7	2	5	4
4	9	7	2	6	5	1	3	8
7	3	1	8	5	6	4	2	9
9	8	2	4	1	3	5	6	7
5	4	6	7	2	9	3	8	1

28

5	9	3	4	6	7	1	2	8
1	8	7	3	5	2	6	9	4
4	2	6	1	9	8	7	5	3
9	1	8	2	7	6	4	3	5
2	6	4	5	1	3	9	8	7
7	3	5	9	8	4	2	1	6
8	4	1	7	2	5	3	6	9
3	5	9	6	4	1	8	7	2
6	7	2	8	3	9	5	4	1

29

2	6	1	4	7	9	8	3	5
5	3	7	8	1	2	4	6	9
4	9	8	5	6	3	1	7	2
7	1	9	2	5	4	6	8	3
8	2	3	6	9	1	7	5	4
6	5	4	3	8	7	9	2	1
3	7	2	9	4	8	5	1	6
1	4	6	7	3	5	2	9	8
9	8	5	1	2	6	3	4	7

30

31

5	8	1	9	4	6	2	3	7
3	6	2	1	8	7	9	4	5
9	7	4	5	3	2	8	6	1
6	4	9	3	1	8	7	5	2
1	2	3	7	5	9	6	8	4
7	5	8	6	2	4	1	9	3
2	9	6	4	7	5	3	1	8
8	3	5	2	9	1	4	7	6
4	1	7	8	6	3	5	2	9

32

6	4	9	2	8	1	5	3	7
3	2	8	9	5	7	4	1	6
7	1	5	6	4	3	9	8	2
5	8	4	3	2	6	1	7	9
2	9	6	7	1	4	3	5	8
1	7	3	8	9	5	2	6	4
9	6	2	5	3	8	7	4	1
8	5	1	4	7	2	6	9	3
4	3	7	1	6	9	8	2	5

33

3	9	4	1	6	7	2	8	5
1	7	5	2	8	3	4	6	9
2	8	6	4	9	5	3	7	1
6	3	1	8	7	9	5	4	2
9	4	8	5	3	2	7	1	6
7	5	2	6	4	1	8	9	3
8	2	7	9	5	6	1	3	4
4	1	9	3	2	8	6	5	7
5	6	3	7	1	4	9	2	8

34

2	5	9	6	7	4	1	8	3
3	1	7	2	5	8	4	9	6
8	6	4	1	3	9	5	2	7
9	7	3	4	2	5	6	1	8
6	2	5	3	8	1	9	7	4
4	8	1	9	6	7	3	5	2
1	9	2	8	4	3	7	6	5
5	4	8	7	1	6	2	3	9
7	3	6	5	9	2	8	4	1

35

3	1	2	9	7	5	8	4	6
5	8	4	6	2	1	9	3	7
6	7	9	8	3	4	5	1	2
2	6	8	4	1	7	3	9	5
1	5	3	2	9	8	6	7	4
9	4	7	5	6	3	1	2	8
7	9	5	1	8	2	4	6	3
8	3	1	7	4	6	2	5	9
4	2	6	3	5	9	7	8	1

36

4	3	1	8	5	7	9	2	6
9	8	7	6	3	2	5	1	4
5	6	2	4	9	1	7	3	8
8	4	6	2	7	9	1	5	3
1	2	9	5	6	3	8	4	7
3	7	5	1	8	4	6	9	2
6	1	3	7	4	5	2	8	9
7	5	4	9	2	8	3	6	1
2	9	8	3	1	6	4	7	5

37

7	1	3	4	9	2	8	5	6
6	8	9	7	1	5	4	2	3
5	4	2	6	3	8	1	9	7
8	6	5	1	2	7	9	3	4
3	2	7	9	5	4	6	8	1
1	9	4	3	8	6	2	7	5
4	3	6	2	7	9	5	1	8
9	5	1	8	4	3	7	6	2
2	7	8	5	6	1	3	4	9

38

6	7	2	5	4	3	1	9	8
8	1	4	6	9	2	5	7	3
3	9	5	1	7	8	6	2	4
9	8	1	7	3	6	4	5	2
4	6	7	9	2	5	3	8	1
5	2	3	4	8	1	9	6	7
7	3	6	8	1	9	2	4	5
1	5	8	2	6	4	7	3	9
2	4	9	3	5	7	8	1	6

39

3	1	9	7	8	4	5	2	6
7	8	4	2	5	6	3	9	1
6	5	2	9	1	3	4	7	8
1	6	7	3	9	8	2	4	5
8	4	5	1	2	7	9	6	3
2	9	3	6	4	5	1	8	7
9	2	8	5	6	1	7	3	4
5	3	6	4	7	2	8	1	9
4	7	1	8	3	9	6	5	2

40

9	6	1	5	4	2	3	7	8
8	3	7	1	9	6	2	5	4
2	4	5	7	3	8	6	9	1
5	1	6	3	2	9	8	4	7
7	2	4	8	5	1	9	6	3
3	9	8	4	6	7	1	2	5
4	5	9	2	1	3	7	8	6
6	8	3	9	7	4	5	1	2
1	7	2	6	8	5	4	3	9

41

7	2	1	3	9	6	8	4	5
5	3	4	7	8	2	1	6	9
8	9	6	5	1	4	3	2	7
6	1	5	8	4	3	7	9	2
9	8	7	2	6	1	4	5	3
3	4	2	9	7	5	6	1	8
1	5	9	6	3	7	2	8	4
4	7	8	1	2	9	5	3	6
2	6	3	4	5	8	9	7	1

42

5	8	2	3	1	7	4	6	9
6	7	9	5	4	8	3	2	1
1	4	3	2	6	9	5	7	8
8	6	1	4	2	3	9	5	7
9	3	7	1	8	5	6	4	2
4	2	5	7	9	6	8	1	3
3	5	4	8	7	2	1	9	6
2	1	6	9	3	4	7	8	5
7	9	8	6	5	1	2	3	4

8	6	7	2	9	1	4	3	5
4	3	5	7	6	8	9	1	2
2	9	1	5	4	3	7	8	6
3	1	8	6	5	7	2	9	4
7	4	9	1	8	2	6	5	3
6	5	2	9	3	4	1	7	8
5	2	6	8	7	9	3	4	1
9	8	3	4	1	6	5	2	7
1	7	4	3	2	5	8	6	9

43

7	3	8	2	1	4	9	5	6
5	2	1	6	9	7	8	3	4
9	6	4	8	3	5	1	7	2
3	9	7	4	6	1	2	8	5
2	4	6	5	8	3	7	9	1
1	8	5	9	7	2	4	6	3
4	1	9	7	5	6	3	2	8
6	7	3	1	2	8	5	4	9
8	5	2	3	4	9	6	1	7

44

1	6	4	5	7	3	2	9	8
2	3	8	4	9	1	7	5	6
7	9	5	6	2	8	4	1	3
5	4	9	7	3	6	1	8	2
3	1	6	2	8	5	9	4	7
8	7	2	1	4	9	6	3	5
6	5	3	9	1	2	8	7	4
9	8	7	3	6	4	5	2	1
4	2	1	8	5	7	3	6	9

45

4	6	2	7	8	5	1	9	3
5	8	7	9	3	1	2	6	4
3	9	1	6	2	4	8	5	7
9	2	4	1	5	8	7	3	6
7	3	8	4	6	9	5	2	1
1	5	6	2	7	3	4	8	9
2	4	5	3	9	7	6	1	8
6	1	3	8	4	2	9	7	5
8	7	9	5	1	6	3	4	2

46

8	2	3	4	6	1	5	9	7
6	9	5	2	3	7	1	4	8
4	7	1	8	5	9	3	6	2
5	4	9	6	7	2	8	1	3
2	6	7	3	1	8	4	5	9
1	3	8	5	9	4	2	7	6
9	1	4	7	2	3	6	8	5
7	5	2	1	8	6	9	3	4
3	8	6	9	4	5	7	2	1

47

5	8	3	7	2	9	4	1	6
9	2	1	4	6	8	3	5	7
7	4	6	1	5	3	9	8	2
8	3	4	6	7	5	1	2	9
6	1	5	2	9	4	7	3	8
2	9	7	8	3	1	6	4	5
3	7	2	5	4	6	8	9	1
4	6	8	9	1	2	5	7	3
1	5	9	3	8	7	2	6	4

48

49

1	6	8	2	4	3	5	7	9
4	2	7	5	9	6	3	1	8
3	9	5	8	7	1	6	4	2
9	4	6	1	2	8	7	3	5
8	7	2	4	3	5	1	9	6
5	3	1	7	6	9	2	8	4
6	1	4	9	5	7	8	2	3
7	5	9	3	8	2	4	6	1
2	8	3	6	1	4	9	5	7

50

7	8	2	4	6	1	3	5	9
6	3	5	9	8	7	4	2	1
1	4	9	2	3	5	7	6	8
5	7	8	3	4	6	1	9	2
3	9	6	1	2	8	5	4	7
2	1	4	5	7	9	8	3	6
8	5	3	6	1	2	9	7	4
4	2	7	8	9	3	6	1	5
9	6	1	7	5	4	2	8	3

51

1	2	6	9	4	7	3	8	5
3	4	5	1	6	8	7	9	2
8	9	7	5	2	3	1	6	4
5	1	4	6	3	9	2	7	8
6	7	3	2	8	5	9	4	1
9	8	2	4	7	1	5	3	6
4	6	9	7	5	2	8	1	3
2	3	1	8	9	6	4	5	7
7	5	8	3	1	4	6	2	9

52

1	8	9	3	7	2	6	4	5
6	7	3	1	4	5	8	2	9
2	5	4	8	9	6	3	1	7
8	3	2	6	5	7	4	9	1
4	9	1	2	3	8	7	5	6
7	6	5	9	1	4	2	3	8
5	1	8	7	2	3	9	6	4
3	4	7	5	6	9	1	8	2
9	2	6	4	8	1	5	7	3

53

1	9	2	8	7	4	6	5	3
6	3	4	2	5	1	7	9	8
7	5	8	6	9	3	1	2	4
3	7	6	5	4	2	9	8	1
8	4	5	9	1	7	2	3	6
9	2	1	3	6	8	5	4	7
2	8	7	1	3	9	4	6	5
5	1	9	4	8	6	3	7	2
4	6	3	7	2	5	8	1	9

54

8	9	4	2	6	5	7	1	3
5	7	2	8	1	3	9	4	6
1	3	6	7	9	4	2	5	8
3	6	8	9	5	1	4	2	7
4	2	9	3	8	7	1	6	5
7	1	5	4	2	6	3	8	9
6	5	3	1	7	2	8	9	4
9	4	1	6	3	8	5	7	2
2	8	7	5	4	9	6	3	1

Puzzle 1

3	5	8	6	9	1	2	7	4
6	7	2	8	4	5	3	1	9
9	4	1	7	2	3	6	5	8
1	9	3	2	6	8	7	4	5
5	6	4	9	1	7	8	3	2
8	2	7	5	3	4	9	6	1
4	1	6	3	8	2	5	9	7
7	8	9	1	5	6	4	2	3
2	3	5	4	7	9	1	8	6

1

Puzzle 2

3	9	8	4	1	5	6	2	7
1	4	7	6	2	9	5	3	8
2	5	6	8	3	7	1	9	4
8	1	9	7	4	2	3	6	5
5	6	2	1	8	3	4	7	9
7	3	4	5	9	6	2	8	1
6	8	1	2	7	4	9	5	3
4	2	3	9	5	8	7	1	6
9	7	5	3	6	1	8	4	2

2

Puzzle 3

9	8	2	5	7	4	6	1	3
1	7	6	8	2	3	4	5	9
4	3	5	9	6	1	8	7	2
3	6	9	7	1	8	5	2	4
8	1	7	4	5	2	3	9	6
5	2	4	6	3	9	7	8	1
7	4	8	2	9	6	1	3	5
6	9	3	1	8	5	2	4	7
2	5	1	3	4	7	9	6	8

3

Puzzle 4

2	7	4	1	3	6	5	8	9
9	6	8	2	4	5	7	3	1
5	3	1	8	9	7	6	4	2
4	9	7	6	2	3	8	1	5
3	8	6	5	7	1	9	2	4
1	2	5	9	8	4	3	6	7
8	4	9	3	5	2	1	7	6
6	5	2	7	1	8	4	9	3
7	1	3	4	6	9	2	5	8

4

Puzzle 5

2	8	5	3	1	4	6	7	9
7	3	1	5	6	9	4	2	8
6	4	9	7	8	2	3	1	5
3	2	8	1	5	6	9	4	7
5	9	6	4	7	8	2	3	1
4	1	7	9	2	3	8	5	6
1	6	3	8	4	7	5	9	2
8	5	4	2	9	1	7	6	3
9	7	2	6	3	5	1	8	4

5

Puzzle 6

4	1	3	6	5	9	2	7	8
2	5	9	7	4	8	6	1	3
7	8	6	1	3	2	4	5	9
3	4	5	2	8	6	1	9	7
6	9	8	3	7	1	5	2	4
1	7	2	4	9	5	3	8	6
9	3	1	8	2	4	7	6	5
5	2	4	9	6	7	8	3	1
8	6	7	5	1	3	9	4	2

6

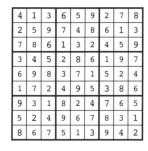

7

6	8	1	7	2	4	9	5	3
7	4	9	1	3	5	2	6	8
3	5	2	8	6	9	7	1	4
2	7	8	6	9	3	5	4	1
9	6	5	2	4	1	8	3	7
4	1	3	5	7	8	6	9	2
8	9	4	3	5	2	1	7	6
5	2	6	4	1	7	3	8	9
1	3	7	9	8	6	4	2	5

8

2	3	1	4	5	9	6	8	7
5	4	6	2	8	7	9	1	3
9	8	7	6	1	3	2	5	4
3	6	2	9	4	8	1	7	5
7	9	4	5	6	1	3	2	8
8	1	5	7	3	2	4	6	9
1	2	9	8	7	4	5	3	6
4	5	8	3	2	6	7	9	1
6	7	3	1	9	5	8	4	2

9

4	3	1	6	8	2	9	5	7
6	8	9	1	5	7	2	3	4
7	5	2	4	9	3	8	1	6
9	1	6	5	7	8	4	2	3
2	4	5	3	6	1	7	9	8
3	7	8	2	4	9	1	6	5
1	6	7	9	3	4	5	8	2
5	9	4	8	2	6	3	7	1
8	2	3	7	1	5	6	4	9

10

4	7	3	5	6	9	2	8	1
6	5	1	7	2	8	4	3	9
2	9	8	4	1	3	6	7	5
3	2	9	6	5	1	7	4	8
5	8	4	2	9	7	3	1	6
7	1	6	3	8	4	5	9	2
9	4	5	1	3	2	8	6	7
8	3	2	9	7	6	1	5	4
1	6	7	8	4	5	9	2	3

11

2	7	8	5	9	4	3	1	6
9	5	1	7	3	6	4	2	8
6	4	3	1	2	8	5	9	7
8	6	4	9	1	5	2	7	3
7	1	2	8	4	3	6	5	9
5	3	9	2	6	7	1	8	4
1	2	6	4	7	9	8	3	5
3	8	7	6	5	2	9	4	1
4	9	5	3	8	1	7	6	2

12

6	9	4	1	7	5	8	3	2
8	5	2	4	6	3	7	1	9
1	7	3	8	2	9	5	6	4
9	2	1	3	5	7	4	8	6
7	8	5	2	4	6	1	9	3
3	4	6	9	8	1	2	7	5
2	1	9	5	3	8	6	4	7
5	6	8	7	9	4	3	2	1
4	3	7	6	1	2	9	5	8

13

5	4	8	1	3	7	2	6	9
9	6	1	5	2	8	4	7	3
7	2	3	4	6	9	8	1	5
2	7	6	8	5	4	9	3	1
1	3	9	6	7	2	5	8	4
4	8	5	9	1	3	7	2	6
8	1	2	3	9	5	6	4	7
6	9	7	2	4	1	3	5	8
3	5	4	7	8	6	1	9	2

14

7	9	6	4	2	8	3	1	5
4	5	8	1	6	3	2	7	9
3	1	2	7	5	9	8	4	6
5	2	9	6	3	1	4	8	7
1	3	4	5	8	7	6	9	2
8	6	7	9	4	2	1	5	3
9	7	3	8	1	6	5	2	4
6	8	5	2	7	4	9	3	1
2	4	1	3	9	5	7	6	8

15

3	9	1	4	7	2	5	6	8
7	4	8	5	3	6	9	1	2
2	6	5	9	1	8	3	4	7
5	3	2	6	9	4	8	7	1
6	1	4	7	8	3	2	5	9
9	8	7	1	2	5	6	3	4
8	5	9	3	4	1	7	2	6
4	2	3	8	6	7	1	9	5
1	7	6	2	5	9	4	8	3

16

4	9	7	8	2	6	5	3	1
1	2	3	9	5	4	6	8	7
5	6	8	7	1	3	4	2	9
2	8	4	5	3	1	9	7	6
9	3	5	2	6	7	1	4	8
7	1	6	4	8	9	3	5	2
3	4	9	1	7	8	2	6	5
8	5	1	6	4	2	7	9	3
6	7	2	3	9	5	8	1	4

17

5	4	8	7	9	1	6	3	2
3	9	2	6	4	5	1	8	7
6	1	7	8	3	2	4	5	9
9	3	6	5	1	4	2	7	8
7	8	4	3	2	6	5	9	1
2	5	1	9	8	7	3	6	4
8	2	3	4	5	9	7	1	6
4	7	5	1	6	8	9	2	3
1	6	9	2	7	3	8	4	5

18

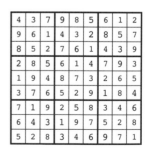

4	3	7	9	8	5	6	1	2
9	6	1	4	3	2	8	5	7
8	5	2	7	6	1	4	3	9
2	8	5	6	1	4	7	9	3
1	9	4	8	7	3	2	6	5
3	7	6	5	2	9	1	8	4
7	1	9	2	5	8	3	4	6
6	4	3	1	9	7	5	2	8
5	2	8	3	4	6	9	7	1

19

1	2	9	6	8	7	4	5	3
8	5	6	4	9	3	7	1	2
7	4	3	1	5	2	6	8	9
9	6	7	5	3	1	8	2	4
5	3	1	8	2	4	9	6	7
2	8	4	9	7	6	5	3	1
6	1	2	7	4	8	3	9	5
4	9	8	3	1	5	2	7	6
3	7	5	2	6	9	1	4	8

20

9	5	3	7	6	1	2	8	4
6	7	8	2	4	3	1	9	5
4	2	1	9	8	5	3	6	7
7	6	2	8	1	4	5	3	9
5	8	4	3	9	7	6	2	1
1	3	9	6	5	2	4	7	8
2	4	6	5	7	9	8	1	3
8	9	5	1	3	6	7	4	2
3	1	7	4	2	8	9	5	6

21

6	7	8	1	4	9	3	5	2
3	9	5	7	8	2	4	1	6
1	2	4	6	3	5	8	7	9
7	8	6	5	2	1	9	4	3
5	4	9	8	6	3	7	2	1
2	1	3	4	9	7	6	8	5
4	3	7	2	1	6	5	9	8
9	5	1	3	7	8	2	6	4
8	6	2	9	5	4	1	3	7

22

2	8	9	5	4	6	1	7	3
1	4	6	7	9	3	5	2	8
7	3	5	2	1	8	6	4	9
5	7	8	1	3	4	9	6	2
4	6	3	8	2	9	7	1	5
9	2	1	6	7	5	8	3	4
6	9	4	3	5	1	2	8	7
8	5	7	4	6	2	3	9	1
3	1	2	9	8	7	4	5	6

23

9	5	1	3	2	7	4	8	6
7	3	8	6	5	4	9	2	1
6	2	4	9	8	1	7	5	3
4	1	6	2	7	3	8	9	5
3	7	5	8	1	9	6	4	2
8	9	2	4	6	5	3	1	7
2	8	3	1	9	6	5	7	4
5	4	9	7	3	2	1	6	8
1	6	7	5	4	8	2	3	9

24

1	2	8	4	9	3	6	5	7
9	7	4	5	2	6	1	8	3
6	3	5	7	1	8	2	4	9
3	6	2	9	5	4	8	7	1
4	5	1	8	3	7	9	2	6
7	8	9	2	6	1	5	3	4
2	4	3	1	8	9	7	6	5
5	9	6	3	7	2	4	1	8
8	1	7	6	4	5	3	9	2

25

4	5	8	3	9	7	1	2	6
1	6	7	5	2	8	4	9	3
2	3	9	6	4	1	8	7	5
8	2	6	4	1	3	9	5	7
7	9	1	2	8	5	3	6	4
3	4	5	7	6	9	2	8	1
5	7	2	9	3	4	6	1	8
6	1	3	8	5	2	7	4	9
9	8	4	1	7	6	5	3	2

26

5	6	4	1	9	7	2	8	3
3	7	1	8	4	2	9	5	6
2	8	9	5	3	6	7	4	1
6	9	2	4	8	1	3	7	5
1	3	7	9	6	5	4	2	8
8	4	5	2	7	3	1	6	9
7	5	8	3	1	4	6	9	2
9	1	6	7	2	8	5	3	4
4	2	3	6	5	9	8	1	7

27

5	9	7	8	2	4	3	6	1
2	8	3	6	1	9	7	5	4
1	4	6	5	7	3	9	2	8
7	1	8	2	5	6	4	3	9
6	3	5	4	9	8	2	1	7
9	2	4	1	3	7	6	8	5
8	7	2	9	6	1	5	4	3
4	6	9	3	8	5	1	7	2
3	5	1	7	4	2	8	9	6

28

6	4	1	3	9	5	7	8	2
9	3	5	7	2	8	6	1	4
2	8	7	4	1	6	9	5	3
4	7	8	9	5	2	3	6	1
5	2	3	6	7	1	8	4	9
1	6	9	8	4	3	5	2	7
8	1	6	2	3	7	4	9	5
3	9	2	5	8	4	1	7	6
7	5	4	1	6	9	2	3	8

29

9	5	4	2	6	8	3	1	7
2	7	1	4	3	9	6	8	5
8	6	3	5	1	7	4	9	2
3	4	7	8	2	1	5	6	9
1	2	9	6	5	3	7	4	8
6	8	5	9	7	4	1	2	3
5	9	2	7	4	6	8	3	1
7	3	6	1	8	2	9	5	4
4	1	8	3	9	5	2	7	6

30

2	8	5	3	1	4	6	7	9
7	3	1	5	6	9	4	2	8
6	4	9	7	8	2	3	1	5
3	2	8	1	5	6	9	4	7
5	9	6	4	7	8	2	3	1
4	1	7	9	2	3	8	5	6
1	6	3	8	4	7	5	9	2
8	5	4	2	9	1	7	6	3
9	7	2	6	3	5	1	8	4

31

2	9	4	7	5	6	1	8	3
5	3	8	2	9	1	4	6	7
6	1	7	8	4	3	9	5	2
8	2	3	9	7	4	6	1	5
1	5	9	6	2	8	3	7	4
4	7	6	1	3	5	8	2	9
7	6	5	3	1	9	2	4	8
3	4	1	5	8	2	7	9	6
9	8	2	4	6	7	5	3	1

32

7	9	4	1	3	2	8	5	6
5	3	6	9	8	4	2	1	7
1	8	2	5	7	6	9	3	4
6	7	8	3	4	1	5	9	2
9	4	5	7	2	8	1	6	3
3	2	1	6	9	5	7	4	8
8	6	9	2	5	3	4	7	1
2	5	3	4	1	7	6	8	9
4	1	7	8	6	9	3	2	5

33

6	2	5	1	7	3	9	4	8
8	7	1	2	4	9	5	3	6
3	4	9	6	5	8	7	1	2
5	1	3	4	8	2	6	7	9
4	6	7	5	9	1	2	8	3
2	9	8	7	3	6	1	5	4
7	5	2	3	6	4	8	9	1
9	3	6	8	1	7	4	2	5
1	8	4	9	2	5	3	6	7

34

3	1	5	9	2	7	4	8	6
8	6	9	4	1	3	5	2	7
2	4	7	8	5	6	1	9	3
6	8	1	2	9	4	3	7	5
4	9	2	3	7	5	8	6	1
5	7	3	1	6	8	2	4	9
1	5	4	7	8	9	6	3	2
7	3	6	5	4	2	9	1	8
9	2	8	6	3	1	7	5	4

35

8	5	3	6	2	9	4	1	7
6	9	2	1	4	7	5	8	3
4	1	7	5	3	8	6	9	2
5	6	9	7	1	2	3	4	8
7	3	8	4	6	5	1	2	9
2	4	1	8	9	3	7	6	5
3	8	6	9	5	1	2	7	4
1	7	5	2	8	4	9	3	6
9	2	4	3	7	6	8	5	1

36

6	7	1	8	2	5	3	4	9
8	9	2	4	3	6	5	7	1
5	4	3	1	9	7	8	2	6
1	6	5	2	7	3	9	8	4
2	8	9	5	1	4	6	3	7
4	3	7	6	8	9	1	5	2
3	5	4	7	6	1	2	9	8
7	2	6	9	5	8	4	1	3
9	1	8	3	4	2	7	6	5

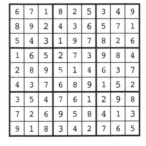

37

1	9	2	6	7	5	3	8	4
6	3	8	4	9	1	7	5	2
7	5	4	2	8	3	9	6	1
2	8	1	7	5	9	6	4	3
4	6	5	8	3	2	1	7	9
9	7	3	1	6	4	5	2	8
5	2	9	3	4	6	8	1	7
8	1	6	9	2	7	4	3	5
3	4	7	5	1	8	2	9	6

38

1	7	8	3	4	9	5	6	2
5	4	6	8	1	2	3	9	7
2	3	9	5	7	6	1	8	4
7	1	2	9	3	8	6	4	5
8	5	3	4	6	7	9	2	1
9	6	4	2	5	1	7	3	8
6	8	5	7	2	3	4	1	9
3	2	7	1	9	4	8	5	6
4	9	1	6	8	5	2	7	3

39

2	3	6	4	7	5	1	8	9
7	9	8	1	6	2	4	3	5
4	5	1	3	8	9	6	2	7
1	7	4	9	3	8	5	6	2
5	6	9	2	4	1	8	7	3
3	8	2	6	5	7	9	4	1
6	4	5	7	9	3	2	1	8
8	1	3	5	2	6	7	9	4
9	2	7	8	1	4	3	5	6

40

7	3	4	2	5	9	6	8	1
9	5	6	1	8	3	2	4	7
2	8	1	6	7	4	5	3	9
3	6	9	4	2	8	1	7	5
4	2	5	7	3	1	8	9	6
1	7	8	5	9	6	3	2	4
6	4	2	8	1	7	9	5	3
8	9	7	3	6	5	4	1	2
5	1	3	9	4	2	7	6	8

41

8	5	1	2	3	6	9	7	4
4	3	7	5	8	9	2	6	1
6	9	2	4	1	7	8	3	5
5	8	3	6	7	2	4	1	9
7	6	4	8	9	1	5	2	3
1	2	9	3	5	4	6	8	7
9	7	8	1	6	5	3	4	2
3	4	5	7	2	8	1	9	6
2	1	6	9	4	3	7	5	8

42

1	3	6	5	7	2	4	9	8
9	4	2	3	1	8	7	5	6
7	8	5	4	6	9	3	1	2
6	2	9	1	4	3	8	7	5
3	5	8	7	9	6	1	2	4
4	7	1	2	8	5	9	6	3
2	9	7	8	5	4	6	3	1
8	1	3	6	2	7	5	4	9
5	6	4	9	3	1	2	8	7

43

6	4	7	2	8	9	5	3	1
2	1	3	7	6	5	9	8	4
5	9	8	4	1	3	7	6	2
8	6	4	1	5	7	3	2	9
9	3	5	8	2	4	6	1	7
7	2	1	9	3	6	8	4	5
3	7	6	5	4	1	2	9	8
1	5	2	6	9	8	4	7	3
4	8	9	3	7	2	1	5	6

44

5	8	9	2	4	1	6	3	7
1	6	4	3	5	7	2	8	9
2	3	7	9	6	8	4	1	5
4	2	5	8	3	9	7	6	1
7	1	8	6	2	5	9	4	3
6	9	3	7	1	4	5	2	8
9	5	1	4	8	2	3	7	6
8	4	6	5	7	3	1	9	2
3	7	2	1	9	6	8	5	4

45

1	3	5	6	7	8	4	9	2
9	6	4	2	3	1	8	5	7
7	8	2	4	5	9	1	6	3
3	7	8	1	9	6	5	2	4
4	2	6	7	8	5	9	3	1
5	1	9	3	4	2	6	7	8
6	5	1	8	2	7	3	4	9
2	9	3	5	1	4	7	8	6
8	4	7	9	6	3	2	1	5

46

7	9	5	6	8	1	4	3	2
3	1	4	9	5	2	7	6	8
2	6	8	4	7	3	9	1	5
9	5	7	2	1	4	3	8	6
1	4	3	8	6	7	5	2	9
8	2	6	3	9	5	1	7	4
6	7	1	5	4	8	2	9	3
5	8	2	1	3	9	6	4	7
4	3	9	7	2	6	8	5	1

47

2	5	3	1	7	8	9	4	6
4	7	6	9	5	3	8	2	1
1	8	9	2	6	4	5	3	7
7	9	8	6	2	5	4	1	3
6	4	5	3	9	1	7	8	2
3	2	1	4	8	7	6	9	5
9	6	7	8	3	2	1	5	4
8	3	4	5	1	6	2	7	9
5	1	2	7	4	9	3	6	8

48

2	9	3	1	7	4	8	5	6
8	7	4	5	6	2	3	9	1
1	6	5	9	3	8	7	4	2
7	5	8	6	2	9	1	3	4
9	4	2	8	1	3	6	7	5
3	1	6	7	4	5	9	2	8
5	2	7	3	8	1	4	6	9
4	3	1	2	9	6	5	8	7
6	8	9	4	5	7	2	1	3

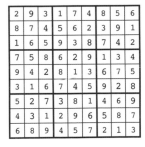

49

1	9	8	5	2	6	3	7	4
3	7	2	8	1	4	5	6	9
4	6	5	3	7	9	2	8	1
7	8	3	2	6	1	9	4	5
5	4	9	7	3	8	6	1	2
2	1	6	9	4	5	8	3	7
8	3	4	1	9	2	7	5	6
9	5	1	6	8	7	4	2	3
6	2	7	4	5	3	1	9	8

50

6	7	5	9	8	3	1	4	2
2	4	3	6	1	7	9	8	5
1	9	8	2	5	4	3	6	7
9	3	1	5	7	8	4	2	6
4	2	7	3	9	6	8	5	1
5	8	6	1	4	2	7	3	9
7	5	4	8	2	1	6	9	3
8	6	2	7	3	9	5	1	4
3	1	9	4	6	5	2	7	8

51

6	5	7	2	4	1	9	3	8
2	8	3	7	6	9	1	4	5
1	9	4	8	3	5	7	6	2
3	2	1	6	7	8	4	5	9
4	7	9	5	1	2	6	8	3
5	6	8	4	9	3	2	1	7
7	4	5	9	8	6	3	2	1
9	3	2	1	5	4	8	7	6
8	1	6	3	2	7	5	9	4

52

1	4	7	5	8	2	6	9	3
6	3	8	4	9	7	2	5	1
2	9	5	1	6	3	8	7	4
4	2	9	3	7	5	1	6	8
5	7	1	8	2	6	4	3	9
3	8	6	9	4	1	5	2	7
8	6	4	7	5	9	3	1	2
9	5	3	2	1	8	7	4	6
7	1	2	6	3	4	9	8	5

53

9	2	7	1	3	8	4	5	6
4	5	6	2	7	9	8	1	3
3	8	1	4	6	5	7	2	9
2	7	8	5	4	3	6	9	1
1	4	3	9	2	6	5	7	8
5	6	9	7	8	1	2	3	4
8	3	2	6	9	7	1	4	5
7	9	5	8	1	4	3	6	2
6	1	4	3	5	2	9	8	7

54

3	5	9	6	1	4	7	8	2
7	2	6	8	5	9	4	3	1
1	4	8	3	7	2	5	6	9
4	9	5	2	3	6	8	1	7
6	7	3	5	8	1	2	9	4
2	8	1	9	4	7	3	5	6
5	1	7	4	9	3	6	2	8
8	6	4	1	2	5	9	7	3
9	3	2	7	6	8	1	4	5

1

5	1	7	6	8	3	4	2	9
4	6	2	9	5	1	8	7	3
9	3	8	2	4	7	6	5	1
6	7	3	5	2	8	1	9	4
8	2	9	1	3	4	5	6	7
1	4	5	7	9	6	3	8	2
7	5	4	8	1	2	9	3	6
2	8	1	3	6	9	7	4	5
3	9	6	4	7	5	2	1	8

2

1	8	9	6	7	3	2	4	5
3	2	5	1	8	4	9	7	6
4	6	7	5	2	9	1	3	8
7	9	1	8	3	5	6	2	4
5	3	6	4	1	2	7	8	9
2	4	8	9	6	7	3	5	1
6	7	4	2	5	1	8	9	3
8	5	2	3	9	6	4	1	7
9	1	3	7	4	8	5	6	2

3

7	2	3	6	1	4	9	5	8
8	5	4	7	9	3	1	2	6
1	6	9	5	2	8	7	3	4
4	7	8	2	3	5	6	9	1
2	3	6	1	4	9	8	7	5
9	1	5	8	7	6	3	4	2
6	4	1	9	5	7	2	8	3
5	8	7	3	6	2	4	1	9
3	9	2	4	8	1	5	6	7

4

5	7	8	6	9	4	2	1	3
4	1	6	2	5	3	7	9	8
2	9	3	7	8	1	5	6	4
6	5	4	8	7	9	3	2	1
1	3	7	4	6	2	9	8	5
9	8	2	3	1	5	4	7	6
7	4	1	9	3	6	8	5	2
8	2	5	1	4	7	6	3	9
3	6	9	5	2	8	1	4	7

5

6	4	7	3	9	2	8	5	1
5	2	3	4	1	8	6	9	7
1	9	8	7	6	5	4	2	3
7	5	2	8	4	3	1	6	9
8	6	9	1	2	7	3	4	5
3	1	4	6	5	9	7	8	2
2	7	6	9	8	1	5	3	4
4	3	5	2	7	6	9	1	8
9	8	1	5	3	4	2	7	6

6

6	4	1	9	2	3	7	5	8
3	7	9	8	4	5	6	1	2
8	5	2	1	6	7	9	3	4
9	1	7	5	8	2	3	4	6
5	8	6	3	9	4	1	2	7
4	2	3	7	1	6	8	9	5
2	9	4	6	7	1	5	8	3
1	6	5	4	3	8	2	7	9
7	3	8	2	5	9	4	6	1

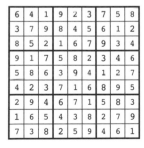

7

5	3	7	6	8	4	2	9	1
6	2	9	1	5	7	4	3	8
4	1	8	9	3	2	6	5	7
7	4	6	8	9	1	3	2	5
8	9	2	5	7	3	1	6	4
1	5	3	2	4	6	7	8	9
3	8	4	7	6	9	5	1	2
9	7	1	3	2	5	8	4	6
2	6	5	4	1	8	9	7	3

8

5	6	9	2	3	8	4	1	7
3	7	8	6	1	4	5	2	9
1	4	2	7	9	5	8	3	6
4	2	3	8	7	1	6	9	5
6	1	7	3	5	9	2	4	8
9	8	5	4	2	6	3	7	1
8	9	1	5	4	2	7	6	3
7	5	4	1	6	3	9	8	2
2	3	6	9	8	7	1	5	4

9

7	6	8	3	9	1	2	5	4
1	2	4	8	7	5	3	6	9
5	3	9	2	4	6	1	8	7
8	5	3	9	1	2	4	7	6
9	7	2	6	8	4	5	3	1
4	1	6	5	3	7	8	9	2
6	8	5	4	2	9	7	1	3
2	9	1	7	5	3	6	4	8
3	4	7	1	6	8	9	2	5

10

4	2	8	1	9	3	6	7	5
6	7	1	4	5	8	3	9	2
9	5	3	6	2	7	4	8	1
1	3	5	7	8	4	2	6	9
2	4	7	5	6	9	8	1	3
8	6	9	2	3	1	5	4	7
5	8	2	9	7	6	1	3	4
7	1	6	3	4	2	9	5	8
3	9	4	8	1	5	7	2	6

11

3	9	6	4	8	1	7	2	5
2	8	4	7	5	9	3	1	6
1	7	5	2	6	3	8	9	4
8	4	1	3	9	5	2	6	7
9	2	3	6	7	4	1	5	8
6	5	7	8	1	2	4	3	9
5	1	8	9	2	7	6	4	3
7	3	9	1	4	6	5	8	2
4	6	2	5	3	8	9	7	1

12

1	9	5	2	4	6	8	7	3
8	3	4	5	9	7	2	1	6
2	6	7	1	8	3	5	9	4
5	8	6	4	7	9	3	2	1
9	4	1	3	2	5	7	6	8
3	7	2	8	6	1	9	4	5
6	2	3	7	5	4	1	8	9
7	5	9	6	1	8	4	3	2
4	1	8	9	3	2	6	5	7

13

9	5	3	1	4	6	8	2	7
2	4	1	7	8	3	9	5	6
6	8	7	5	9	2	4	3	1
4	1	2	6	7	8	3	9	5
7	6	9	3	5	4	1	8	2
8	3	5	2	1	9	6	7	4
3	7	4	8	6	5	2	1	9
5	2	6	9	3	1	7	4	8
1	9	8	4	2	7	5	6	3

14

1	2	5	3	6	7	9	8	4
6	4	8	2	5	9	1	7	3
7	9	3	4	8	1	2	6	5
8	1	2	7	9	4	5	3	6
5	6	4	1	3	8	7	2	9
3	7	9	6	2	5	8	4	1
4	8	1	5	7	6	3	9	2
2	5	7	9	4	3	6	1	8
9	3	6	8	1	2	4	5	7

15

7	8	4	1	9	5	3	6	2
2	6	3	4	8	7	1	5	9
9	5	1	6	2	3	4	8	7
6	2	9	8	5	1	7	3	4
4	1	5	7	3	2	8	9	6
8	3	7	9	6	4	2	1	5
1	7	8	5	4	9	6	2	3
5	4	2	3	1	6	9	7	8
3	9	6	2	7	8	5	4	1

16

8	9	3	2	1	5	4	7	6
1	6	5	7	4	9	3	8	2
2	4	7	6	8	3	5	1	9
3	8	4	1	9	6	7	2	5
7	2	6	3	5	4	1	9	8
5	1	9	8	7	2	6	3	4
9	7	2	5	6	1	8	4	3
6	3	8	4	2	7	9	5	1
4	5	1	9	3	8	2	6	7

17

8	9	5	4	7	2	6	3	1
6	1	2	8	9	3	4	5	7
7	4	3	1	5	6	8	9	2
3	6	9	2	1	4	5	7	8
1	5	7	6	8	9	3	2	4
2	8	4	5	3	7	9	1	6
4	7	6	9	2	5	1	8	3
5	2	8	3	6	1	7	4	9
9	3	1	7	4	8	2	6	5

18

2	8	4	1	9	6	3	5	7
9	7	5	4	2	3	6	1	8
1	3	6	7	5	8	4	2	9
6	5	7	8	3	1	9	4	2
3	2	1	5	4	9	8	7	6
4	9	8	6	7	2	1	3	5
8	4	2	3	6	5	7	9	1
7	1	9	2	8	4	5	6	3
5	6	3	9	1	7	2	8	4

Acknowledgments

This book would not have been possible without the work and suggestions of the following people: Mr. Anthony Immanuvel of Yoogi Games (www.yoogi.com), Ms. Brooke Dworkin, Ms. Megan Rotondo, and Ms. Karen Backstein. Finally, I would like to say a special thank-you to my right hand and the person who makes all this happen, Mrs. Christy Davis, owner of Executive Services in Arlington, Texas.